A Chave

Joe Vitale

A Chave

*O segredo que faltava
para você atrair
tudo o que quiser*

Tradução de Claudia Gerpe Duarte

Título original
THE KEY
The Missing Secret for Attracting Anything you Want

Copyright © 2008 by Hypnotic Marketing, Inc.

Nenhuma parte desta publicação pode ser reproduzida, armazenada em sistemas ou transmitida por meio eletrônico, mecânico, fotocópia, gravado, escaneado entre outros, exceto quando autorizada em conformidade com as Seções 107 e 108 de 1976 do United State Copyright Act, nem tampouco sem a prévia autorização por escrito do proprietário, ou permitida através de pagamento de taxa acordada para o uso do material ao detentor dos direitos autorais.

Todos os direitos reservados.
Tradução da edição brasileira publicada mediante acordo.

Copyright da edição brasileira © 2008 by Editora Rocco Ltda.

Direitos para a língua portuguesa reservados
com exclusividade para o Brasil à
EDITORA ROCCO LTDA.
Rua Evaristo da Veiga, 65 – 11º andar
Passeio Corporate – Torre 1
20031-040 – Rio de Janeiro, RJ
Tel.: (21) 3525-2000 – Fax: (21) 3525-2001
rocco@rocco.com.br
www.rocco.com.br

Printed in Brazil/Impresso no Brasil

CIP-Brasil. Catalogação-na-fonte.
Sindicato Nacional dos Editores de Livros, RJ.

V821c	Vitale, Joe, 1953- A chave: o segredo que faltava para você atrair tudo o que quiser/Joe Vitale; tradução de Claudia Gerpe Duarte. – Rio de Janeiro: Rocco, 2007. Tradução de: The Key: the missing secret for attracting anything you want ISBN 978-85-325-2275-7 1. Pensamento Novo. 2. Sucesso. I. Título.
07-3797	CDD – 289.98 CDU – 289.98

Para Neville Goddard

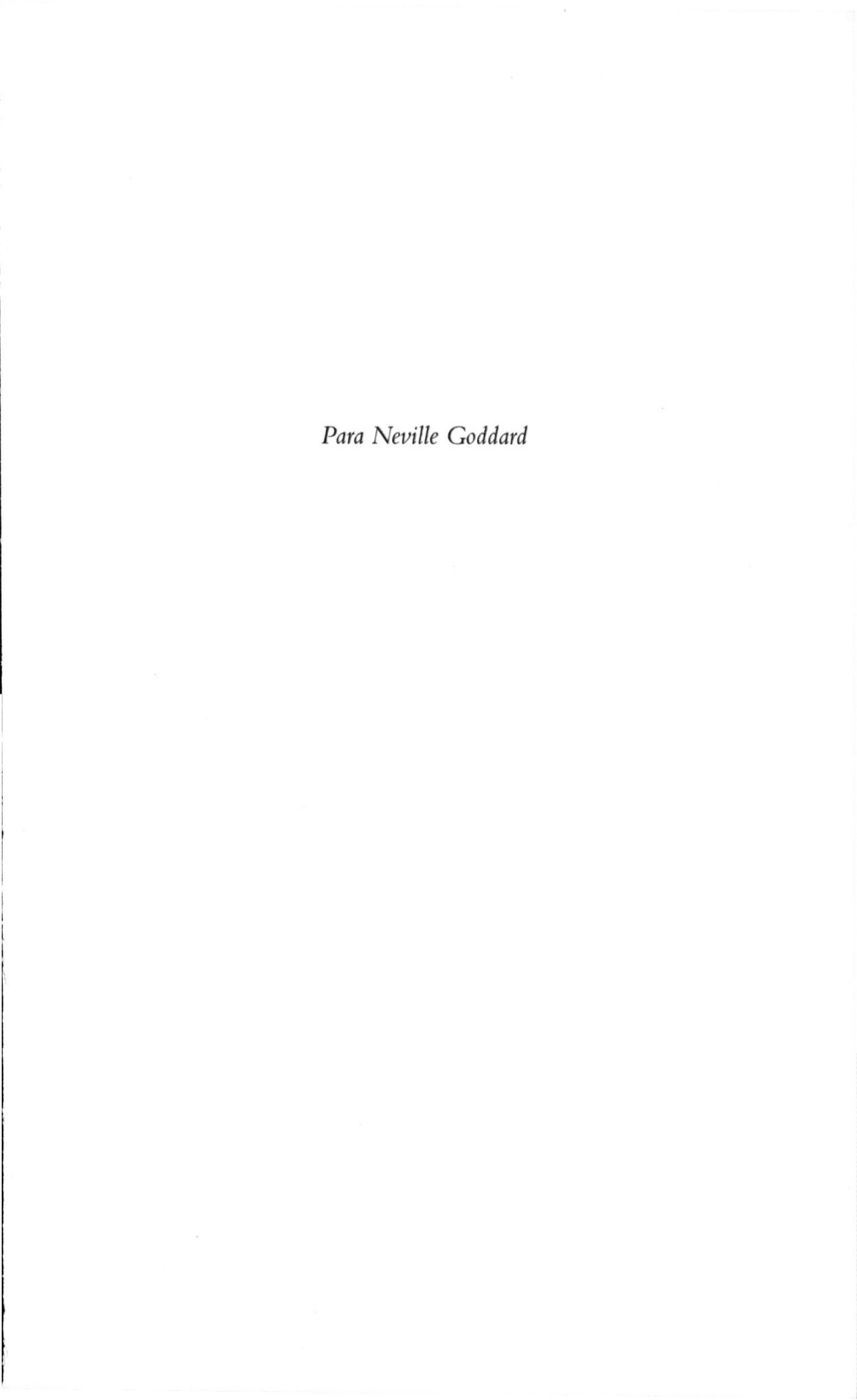

*Você é a obra-prima da sua vida;
o Michelangelo da sua vida.
O Davi que você esculpe é você mesmo.*

Dr. Joe Vitale, no filme *O segredo*

Sumário

O Credo do Otimista – *Christian D. Larson* 11
Prefácio – *Bob Proctor* 13
Agradecimentos 15

PRIMEIRA PARTE
A CHAVE

O segredo que faltava 19
A Chave 24
Como funciona o Universo 27
A Lei da Atração 31
Não existem brechas 36
A ação é sempre necessária? 40
Como atrair um milhão de dólares 45
Por que coisas materiais? 49
O seu limite de merecimento 52
Conte com os milagres 57
Tenha pensamentos mais ambiciosos! 60

SEGUNDA PARTE
OS MÉTODOS

PRIMEIRO MÉTODO DE LIBERTAÇÃO: Você está aqui 65
SEGUNDO MÉTODO DE LIBERTAÇÃO: Optando por modificar as suas convicções 73
TERCEIRO MÉTODO DE LIBERTAÇÃO: Esclarecendo os pensamentos 79
QUARTO MÉTODO DE LIBERTAÇÃO: Histórias hipnóticas 83
QUINTO MÉTODO DE LIBERTAÇÃO: Eu te amo 91

SEXTO MÉTODO DE LIBERTAÇÃO: Rompendo os bloqueios de energia 99
SÉTIMO MÉTODO DE LIBERTAÇÃO: "Nevillize" 104
OITAVO MÉTODO DE LIBERTAÇÃO: Por favor, me perdoe 109
NONO MÉTODO DE LIBERTAÇÃO: O corpo fala 114
DÉCIMO MÉTODO DE LIBERTAÇÃO: A mensagem vital 123

TERCEIRA PARTE
OS MILAGRES

Perguntas e respostas 131
Cinco idéias sobre como atrair dinheiro 154
O que é o *Coaching* de Milagres? 161
Bônus: Os fundamentos da liberdade emocional –
    Peter Michel 167

Bibliografia 193
Oferta Especial 199

O Credo do Otimista

Eu prometo:

Ser forte a ponto de nada conseguir perturbar a minha paz de espírito.
Falar sobre saúde, felicidade e prosperidade com cada pessoa que encontrar.
Fazer com que todos os meus amigos sintam que têm algo especial.
Olhar para o lado bom de todas as coisas e fazer o meu otimismo tornar-se realidade.
Sentir tanto entusiasmo com o sucesso dos outros quanto com o meu.
Esquecer os erros do passado e avançar em direção às grandes realizações do futuro.
Exibir sempre uma expressão satisfeita e sorrir para cada criatura que eu encontrar.
Empenhar-me de tal maneira no meu aperfeiçoamento pessoal que não sobrará tempo para criticar os outros.
Ser digno demais para me preocupar, nobre demais para sentir raiva, forte demais para ter medo e feliz demais para me envolver em conflitos.
Pensar bem de mim mesmo e proclamar esse fato para o mundo, não por meio de palavras bombásticas e sim de grandes façanhas.
Viver convicto de que o mundo inteiro estará do meu lado enquanto eu permanecer fiel ao que há de melhor em mim mesmo.

Nota: "O Credo do Otimista" foi publicado pela primeira vez em 1912 no livro *Your Forces and How to Use Them*, de Christian D. Larson. Uma versão reduzida dele é hoje utilizada pelo Optimist International, um grupo internacional de pessoas empenhadas em exercer um impacto positivo no mundo.

Prefácio

Quero que você imagine uma grande fechadura, muito forte e difícil de abrir. Essa fechadura o está obrigando a ficar onde não quer. Entretanto, você parece ter consciência de que a fechadura irá se abrir e, se isso acontecer, você experimentará a liberdade que, até agora, só teve o privilégio de conhecer pelos livros. Você sonha em viver onde quiser, desfrutar tudo que tem para desfrutar, ganhar a renda que sabe, bem no fundo, que é capaz de ganhar, viver da maneira que foi destinado a viver e contribuir como você sabe que deveria.

Essa fechadura é poderosa. Enquanto permanece fechada, mantém as pessoas em uma prisão psíquica, um lugar sombrio que não respeita ninguém, uma cela exígua, um espaço limitante que mata os sonhos e oprime as pessoas inteligentes e amorosas. Trata-se, de fato, de uma das fechaduras mais poderosas que existem. Você consegue vê-la? Eu acho que sim!

É a fechadura que está dentro da mente do homem; é um paradigma.

O livro que você tem agora nas mãos representa uma saída... para a liberdade. *A Chave – o segredo que faltava para você atrair tudo o que quiser*, de Joe Vitale, abrirá um mundo de possibilidades e promessas. Responderá às torturantes perguntas de por que você ainda não tem a abundância que sabe que deveria ter e que certamente merece. Este livro oferece estratégias práticas, eficazes e comprovadas pelo tempo que lhe permitirão abrir essa fechadura para sempre.

Se você estiver procurando um livro que explique como fazer as coisas acontecerem na sua vida, se quiser expandir a sua consciência, sugiro que adote desde já este livro como um novo e querido amigo. Devore-o! No entanto, acima de tudo, use-o para abrir a fechadura que tem impedido o seu progresso.

Há quarenta anos dedico-me a ajudar pessoas e empresas no mundo inteiro a abrir essa fechadura misteriosa. Já li milhares de livros sobre o assunto e passei mais de quarenta anos estudando os motivos que nos levam a nos comportar como nos comportamos. Por isso eu digo que este livro é uma leitura obrigatória, do começo ao fim.

Conheço Joe Vitale. Eu o conheci quando ele estava procurando A Chave. Vi quando ele a achou. Observei a sua vida e o seu mundo se modificarem. O mais maravilhoso a respeito da descoberta de Joe é a maneira como ele registrou cada passo. Como um grande astrônomo, Joe traçou os seus movimentos para poder compartilhar essas belas verdades com você e com todas as pessoas que estão cansadas da prisão psíquica na qual estão.

Joe Vitale é um professor altamente respeitado, que ensina como revelar o potencial oculto do ser humano. Li todos os seus livros. Esta obra, *A Chave*, provavelmente será considerada a melhor de todas. No seu estilo descontraído, Joe aborda temas que poderiam ser considerados complexos, tornando-os de fácil compreensão e, acima de tudo, de fácil aplicação. Ele desafiará a sua maneira de pensar, pois esse é o jeito de ser de Joe. Ele o fará pensar, rir, e, possivelmente, chorar. Mas dará os meios para que você possa superar as limitações dessa terrível fechadura e finalmente abri-la.

Use o livro como recomendado, e prometo que coisas estranhas e maravilhosas começarão a acontecer em todas as áreas da sua vida com uma constante regularidade.

Este livro revelará um mundo inteiramente novo, pois ele é A Chave.

– Bob Proctor
Autor do best-seller *You Were Born Rich*
www.bobproctor.com

Agradecimentos

Recebi o apoio e o estímulo de muitas pessoas enquanto escrevia este livro, assim como todos os outros livros que já escrevi. Matt Holt, amigo querido e editor chefe da editora J. Wiley, é o primeiro da lista. Sem ele, este livro teria continuado a ser apenas uma idéia. Nerissa, a minha parceira na vida e no amor, está sempre presente para mim, e sempre alimentando a família para que eu possa prosseguir escrevendo. Agradeço a Rhonda Byrne, criadora do filme *O segredo*, por me incluir no seu incrível projeto para que novas pessoas ouvissem falar no meu trabalho e se interessassem por um livro como este. Suzanne Burns, a minha principal assistente, torna mais fácil a minha vida cotidiana para que eu possa concentrar-me em escrever.

Os amigos mais próximos me deram apoio e conselhos. Entre eles estão Bill Hibbler, Pat O'Bryan, Jillian Coleman-Wheeler, Craig Perrine e Cindy Cashman. Mark Ryan, querido amigo e também cavaleiro da luz, sempre defende as minhas idéias. Victoria Schaefer, uma amiga inestimável, é totalmente solidária a mim e aos meus projetos. Quero agradecer ainda a Joe Sugarman, Howard Wills, Kathy Bolden, Marc Gitterle, Scott Lewis, Jeff Sargent, John Roper, Rick e Mary Barrett, Roopa e Deepak Chari, Will LaValley, Scott York, Mark Joyner e Ann Taylor por contribuírem para o meu bem-estar. Além disso, sou grato a Cyndi Smasal e à minha equipe de *Coaches* de Milagres. Mark Weisser deixou de lado a sua programação sempre cheia para editar a versão preliminar deste livro.

Finalmente, sou grato ao Divino por me permitir fazer o que faço. Peço desculpas se estiver esquecendo alguém, e provavelmente estou. Eu amo todos vocês.

PRIMEIRA PARTE

A Chave

Qualquer pessoa que tenha se envolvido seriamente com um trabalho científico de qualquer espécie entende que na entrada dos portões do templo da ciência estão gravadas as seguintes palavras:
É preciso ter fé.

— Max Planck, ganhador do
Prêmio Nobel de Física de 1918.

O segredo que faltava

*As convicções determinam o que experimentamos.
Não existem causas externas.*

— DAVID HAWKINS, *I: Reality and Subjectivity*

Admita. Existe algo na sua vida que você vem tentando atrair, alcançar ou resolver e simplesmente ainda não conseguiu.

Não foi por não ter tentado. Você leu livros de auto-ajuda, assistiu a filmes como *O segredo* e *Quem somos nós?*, foi a seminários e fez várias outras coisas. Mas você continua dando murro em ponta de faca no que diz respeito a essa coisa (ou coisas) que você quer e simplesmente parece não conseguir atrair.

O que está acontecendo? Por que você consegue atrair facilmente algumas coisas para a sua vida, mas continua com um problema nessa área? Afinal, a Lei da Atração funciona ou não funciona? Será que *alguma coisa* funciona de verdade?

Qual o segredo que falta para que você consiga atrair tudo o que deseja, da maneira que você quiser?

Foi você quem atraiu tudo que está presente na sua vida. E isso inclui as coisas ruins. Você simplesmente as atraiu inconscientemente. Quando você se conscientiza da programação mental que atua por trás das suas experiências, você pode modificá-la e começar a atrair o que quiser.

Quando você "se livra" ou "se liberta" (definirei essa idéia em breve) das convicções ocultas que o impedem de atrair tudo que você quer, começam a acontecer o que os outros podem chamar de milagres. Por exemplo:

- Quando me livrei dos problemas que eu tinha com relação a ser gordo, perdi 36 quilos, participei de seis concursos de *fitness* e transformei o meu corpo e a minha vida.
- Quando me livrei das convicções ocultas interiores que me impediam de ter um novo carro, fui em frente e atraí 12 automóveis, sendo hoje o feliz proprietário de dois BMWs e um Panoz Esperante GTLM – um estonteante carro esporte de luxo montado manualmente e que batizei de Francine.
- Quando me livrei do motivo pelo qual eu criava nodos linfáticos intumescidos potencialmente fatais no peito, entre os pulmões, eles tornaram-se inofensivos.
- Quando me livrei do motivo que me fez um dia ser um sem-teto, e posteriormente um autor que lutava com muitas dificuldades e vivia na pobreza, tornei-me uma celebridade da Internet, autor de mais de trinta best-sellers e um dos astros de um filme de grande sucesso, *O segredo*.

É óbvio que livrar-se dos bloqueios interiores é o segredo que faltava para você atrair tudo o que quiser. Como saber se você precisa se livrar de alguma coisa agora? Se você está fazendo essa pergunta, provavelmente é porque precisa. Mas existe uma maneira rápida de descobrir a resposta. Apenas responda, com sinceridade, às seguintes questões:

- Você tem um problema recorrente na sua vida?
- Você já tomou uma decisão na noite de Ano-Novo e deixou de cumpri-la?
- Você está se sentindo frustrado com métodos de auto-ajuda que não deram certo?

- Você está com dificuldades de agir para conseguir o que deseja?
- Você tem a impressão de que alguma coisa está sabotando o seu sucesso?
- Você assistiu ao filme *O segredo* e mesmo assim não conseguiu atrair o que deseja?

Se você for totalmente sincero consigo mesmo, saberá que existe pelo menos uma esfera da sua vida que parece praticamente impossível de ser corrigida.

Pode ser a esfera da perda de peso. Você experimentou dietas e se exercitou, mas o seu peso não diminuiu ou você voltou a engordar rapidamente. Você se sente amaldiçoado.

Podem ser os relacionamentos. Você tentou namorar, experimentou os sites de encontros on-line, quem sabe já teve relacionamentos ou talvez até tenha se casado, mas o amor não perdura. Sempre acontece alguma coisa que acaba com o romance.

Ou então são as finanças. Você teve vários empregos, mas nenhum deles o deixou realizado. Você não consegue encontrar a sua vocação, por mais orientadores vocacionais que procure ou currículos que redija. Você tem a impressão de que o mundo não está ajudando a realizar seus sonhos. Você está sempre sem dinheiro, e luta para ficar em dia com as contas.

Pode ser a saúde. Talvez você sofra de uma dor de cabeça constante, ou de algo mais complicado, como câncer ou um problema muscular. Quem sabe uma alergia, uma tosse persistente ou asma. Independentemente do que seja, você tem a impressão de que não consegue se curar porque parece destinado a ter essa doença.

Por trás de todos esses problemas de obstrução está o sentimento de ser uma vítima. Você acha que o problema é seu, mas a causa está em outro lugar. A culpa é do seu chefe, dos vizinhos, do presidente, do governo, dos terroristas, da poluição, do aquecimento global, do seu DNA, da Receita Federal ou até mesmo de Deus.

Qual é a solução?
Qual é A Chave?

Conheci esse sentimento de obstrução na minha vida quando fui um sem-teto morto de fome. Eu achava que o mundo estava querendo me pegar. Estava com raiva de todos – dos meus pais, do sistema e até mesmo de Deus. Eu não merecia a vida que levava. Lutar para comer, para arranjar um lugar onde morar e depois para conseguir um carro foram experiências angustiantes e frustrantes. Certamente nada disso era culpa minha. Eu era um cara legal. Eu merecia coisa melhor.

Tive a mesma sensação de obstrução quando tentei perder peso. Fui gordo na infância, adolescência e durante a maior parte da minha vida adulta. Eu culpava os meus pais pela minha estrutura corporal. Eu os culpava pela maneira como me criaram e me alimentaram. Culpava os meus professores de educação física por me humilhar. Eu me sentia destinado a ser gordo para sempre, e não gostava nem um pouco disso.

Em ambos os casos, tinha um problema recorrente e não achava que eu fosse a causa. Eu culpava as circunstâncias externas. É o que quase todos nós fazemos quando chegamos a um muro e não conseguimos contorná-lo. O problema não somos nós, dizemos para nós mesmos; é o muro. Podemos ser bem-sucedidos em todas as outras esferas da vida, mas quando nos aproximamos dessa área específica, estamos presos e não conseguimos enxergar uma saída.

Este livro vai mostrar que a saída existe.
Eu a chamo de A Chave.

A Chave é o segredo que faltava para você atrair tudo o que quiser. Estou dizendo isto com toda a sinceridade. É a verdade. É a realidade. É o seu bilhete para a liberdade.

Quando eu era um sem-teto, precisei examinar as minhas convicções. Compreendi que a principal razão pela qual eu era infeliz e enfrentava tantas dificuldades era o fato de que eu esperava que as coisas fossem assim. Percebi que eu estava moldando a minha vida pela de escritores que haviam sido suicidas. Eu queria ser um autor como eles, e achava que ser deprimido fazia parte do currículo. Quando modifiquei as minhas convicções, comecei a atrair uma nova realidade. Comecei a conseguir trabalho, em seguida dinheiro e, finalmente, felicidade. Hoje sou autor de dezenas de livros e estou em filmes como O segredo.

O que aconteceu com aquele problema que sempre me incomodou e cuja culpa eu atribuía aos outros?

O mesmo raciocínio se aplica com relação a minha obesidade. Hoje tenho um peso normal, estou até em boa forma. Participei de seis concursos de *fitness*. Montei a minha própria academia. Treinei com fisiculturistas como Frank Zane.

O que aconteceu com o meu eterno problema cuja culpa eu colocava no meu DNA?

Em ambos os casos, usei A Chave para me libertar.

Este é o tema deste livro. Ele é um manual que ensina como atrair os seus sonhos mais fantásticos e maravilhosos, independentemente de quais eles possam ser.

A Chave é tudo o que você precisa.

A Chave

> *Você inconscientemente pede todas as experiências que tem e proporciona aos outros as experiências que eles subconscientemente solicitam.*
>
> – SUSAN SHUMSKY, *Miracle Prayer*

No início do século XX, Wallace D. Wattles, autor de *A ciência de ficar rico*, escreveu as seguintes palavras em *How to Get What You Want*, um ensaio precioso e menos conhecido:

> As pessoas fracassam porque pensam, objetivamente, que podem fazer as coisas, mas não sabem, subconscientemente, que são capazes de fazê-las. É mais do que provável que, neste minuto, a sua mente subconsciente esteja marcada por dúvidas com relação à sua capacidade de ter êxito; e essas dúvidas precisam ser removidas, caso contrário elas bloquearão seu poder quando você mais precisar dele.

Wattles estava fazendo uma alusão à Chave que lhe permite atrair tudo o que você quiser. Se a sua mente consciente achar que você quer uma coisa, mas o seu subconsciente achar que você não a merece (ou alimentar qualquer outra convicção limitante), você deixará de obter aquilo que deseja. Mais exatamente, você atrairá o que acha que não deseja. Na verdade, você atrairá o que o seu subconsciente julga ser certo para você. Para atrair o que você quer, o seu consciente e o seu subconsciente precisam estar em harmonia.

Susan Shumsky escreveu em *Miracle Prayer*: "As suas crenças conscientes são o que você *pensa* que acredita. As suas crenças subconscientes e convicções mais profundas são o que você *realmente* acredita." Você tem na sua vida neste momento o que você quer, pelo menos de um modo inconsciente.

A Chave consiste em você se libertar para que a sua mente – consciente e subconsciente – fique em harmonia. No meu livro anterior, *Criando riqueza e prosperidade,* indiquei essa libertação como o terceiro passo da fórmula para atrair milagres. Estamos falando justamente nesse assunto, portanto vou relembrar os cinco passos daquele livro:

1. Descubra o que você não quer.
2. Decida o que você quer.
3. Liberte-se.
4. Sinta que o seu desejo já foi realizado.
5. Pare de pensar no assunto e pratique a ação inspirada.

Esses cinco passos fazem com que as pessoas alcancem suas metas e seus maiores sonhos. No entanto, se você seguir esses passos e se sentir bloqueado ou frustrado, sem conseguir realizar sua meta de jeito nenhum, talvez você não esteja completamente libertado. Pode ser que haja uma luta interior: uma parte de você deseja alcançar a meta, mas outra não. O seu inconsciente está atrapalhando o seu desejo consciente.

Mesmo pessoas que assistiram dezenas e talvez até centenas de vezes ao filme *O segredo* podem sentir-se com freqüência atoladas em uma determinada esfera, e isso ocorre porque elas têm uma convicção interior oposta à sua intenção declarada. Quando você se liberta dessa convicção limitante, os resultados acontecem quase instantaneamente.

A expressão "libertar-se" significa vencer os bloqueios interiores que estão impedindo a realização dos seus desejos. Chamo esses obstáculos internos de contra-intenções. Pense no último *réveillon,* essa é a melhor maneira que conheço de fazer com que você compreenda o que são as contra-intenções.

Muito provavelmente você fez algumas promessas de Ano-Novo. Deve ter dito para si mesmo: "Vou malhar dia sim, dia não" ou "Vou parar de fumar" ou "Vou ganhar mais dinheiro vendendo a arte que produzo" ou alguma outra coisa semelhante. As suas intenções ao estabelecer essas metas eram as melhores possíveis. Você esperava plenamente realizá-las.

Mas o que aconteceu?

No dia seguinte talvez você tenha esquecido onde ficava a academia. Ou talvez tenha voltado a comer demais, abandonando completamente a resolução de melhorar os seus hábitos alimentares.

O que aconteceu foi que as suas contra-intenções neutralizaram as suas intenções declaradas.

Libertar-se significa remover as contra-intenções. Quando você fizer isso, poderá ter, fazer ou ser qualquer coisa que imaginar.

Libertar-se é o segredo que falta em todos os programas de auto-ajuda.

É A Chave para atrair tudo o que você quiser.

Como funciona o Universo

Se você acordou esta manhã mais saudável do que doente, você tem mais sorte do que um milhão de pessoas, que não estarão vivas no final desta semana.
Se você tem comida na geladeira, roupa no corpo, um teto sobre a cabeça e um lugar para dormir, você é mais rico do que 75% da humanidade.
Se você tem dinheiro no banco ou na carteira, está entre os 8% mais ricos do mundo.
Se você ergue a cabeça com um sorriso no rosto e se sente realmente agradecido, você é abençoado porque a maioria das pessoas pode fazer isso, mas quase ninguém o faz.

– Autor desconhecido

Você já teve uma idéia sobre um produto ou serviço, mas não fez nada? Talvez você tenha tido uma idéia sobre um novo brinquedo, um novo xampu ou uma invenção que poderia ajudar várias pessoas. Você tomou alguma atitude? Se a resposta for não, por que você não agiu?

Vamos examinar também o outro lado dessa questão. Alguma vez você já pediu ao Universo que fizesse alguma coisa por você, mas não obteve o resultado desejado? Você já almejou uma coisa e não conseguiu conquistá-la? Se foi este o caso, o que aconteceu?

Para que você possa entender A Chave, vou explicar o que acontece entre você e o Universo.

1. O Universo – você pode chamar esse enorme superpoder de Deus, o Divino, Divindade, Vida, zero, Tao ou qualquer

outra coisa em que acredite – envia e recebe mensagens o tempo todo. Ele envia inspiração para você. E também recebe os seus pedidos.

2. Esse diálogo é filtrado através do seu sistema de crenças, que faz com que você aja ou deixe de agir.

3. Os resultados que você obtém são uma conseqüência dos dois primeiros passos. A maneira como você interpreta esses resultados também se baseia no seu sistema de crenças.

Como você pode ver na Figura 1 (criada por Suzanne Burns), o Universo (o Divino, a vida, ou qualquer nome que você queira usar para se referir a esse poder inominável), está pronto para receber os seus pedidos, e também está tentando enviar mensagens para você. Essa comunicação é filtrada por suas convicções. O resultado final é a sua realidade. Mas se você mudar essas convicções, obterá uma realidade diferente.

Figura 1

Por exemplo, quando você teve aquela idéia de criar um novo produto, ela chegou a você como um presente do Universo. Mas depois de pensar na idéia, você passou a ter uma opinião a respeito dela. Talvez tenha pensado coisas como: "Mas eu não sei como levar isso adiante" ou "Mas onde vou conseguir o dinheiro?" ou ainda "Com certeza alguém já pensou nisso antes". Todos esses julgamentos e dúvidas são também uma forma de convicção. Eles impediram você de tomar uma atitude. O resultado disso é que você não criou o produto. Na verdade, provavelmente você notou mais tarde que outra pessoa acabou fazendo o que você não fez. É por esse motivo que digo sempre: "O Universo gosta de velocidade". O Universo oferece a idéia de um novo produto ou serviço para várias pessoas ao mesmo tempo, sabendo que a maioria delas vai se convencer de que não deve levar a idéia adiante. O sucesso chega para quem entra em ação.

Mas e quando você pede ajuda ao Universo? O Universo está sempre presente, pronto para ouvir e atender os pedidos. Entretanto, com freqüência, quando ele tenta ajudá-lo, as suas convicções atrapalham. Por exemplo, você pode pedir para encontrar o seu parceiro ideal. O Universo escuta e tenta fazer com que você entre para um grupo onde poderá conhecer essa pessoa. No entanto, uma vez mais, você convence a si mesmo de que não deve fazer nada, pensando algo como: "Mas eu já participei antes desse grupo" ou "Ninguém vai se interessar por mim porque sou muito... (preencha a lacuna)". Enfim, o Universo está tentando ajudar, mas as suas convicções impedem que ele o faça.

É importante compreender que as convicções que operam no seu mundo muito provavelmente não são conscientes. Você tem convicções conscientes e convicções inconscientes ou subconscientes. As mais profundas são as mais poderosas. Essas convicções são como a fiação que cria a programação por trás da sua vida. Para se libertar, você precisa eliminar essas convicções mais profundas. Levando isso em consideração, percebemos que o Universo na verdade funciona mais como a Figura 2.

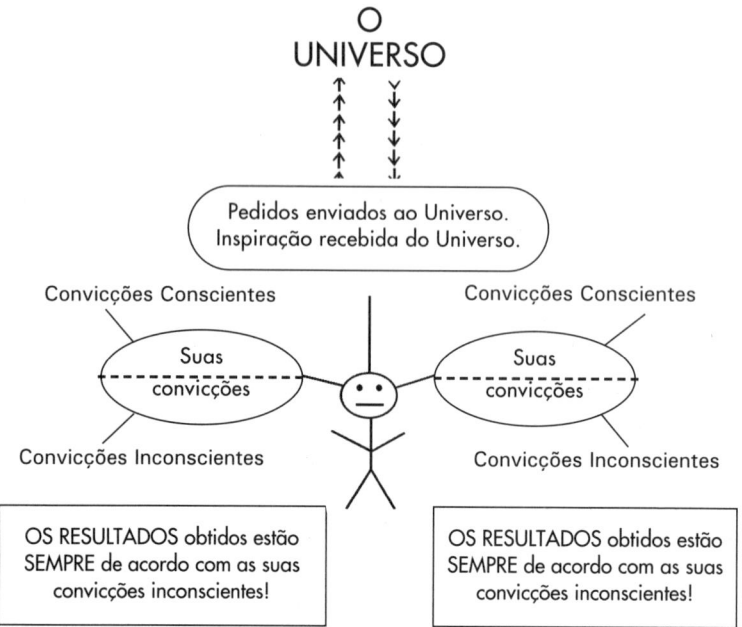

Figura 2

Em resumo, você vive em um universo criado pelas suas convicções. Para mudar os seus resultados, você precisa mudar as suas convicções *in*conscientes. Uma vez mais, libertar-se é o segredo para atrair tudo o que você quiser.

É A Chave.

A Lei da Atração

Nada pode impedir o homem com a atitude mental correta de alcançar o seu objetivo; nada no mundo é capaz de ajudar o homem que tem a atitude mental errada.

– THOMAS JEFFERSON

Antes de entender A Chave, você precisa entender uma das leis menos conhecidas do Universo. Quando você se livra de todas as suas convicções limitantes, você conscientemente mobiliza a Lei da Atração. Agora mesmo você já está atraindo tudo para a sua vida por causa dessa lei, porém de um modo inconsciente. Essa lei foi formalmente citada pela primeira vez em 1906. William Walker Atkinson descreveu-a no livro *Lei da Atração e o poder do pensamento*. Eis o que ele disse nesse livro:

Falamos com erudição da Lei da Gravidade, mas não damos atenção à outra manifestação igualmente maravilhosa, A LEI DA ATRAÇÃO. Estamos familiarizados com a maravilhosa manifestação da lei que atrai e mantém unidos os átomos que compõem a matéria – reconhecemos o poder da lei que atrai os corpos para a terra, que sustenta as órbitas dos planetas, mas fechamos os olhos para *a poderosa lei que nos arrasta em direção às coisas que desejamos ou tememos, que constrói ou estraga a nossa vida.*

Quando compreendermos que o Pensamento é uma força – uma manifestação de energia – que tem um poder de atração semelhante ao de um ímã, começaremos a entender o porquê de muitas coisas que até agora pareciam misteriosas para nós. Nenhum estudo compensará tanto o estudante pelo seu tempo e esforço quanto o estudo do funcionamento dessa poderosa lei do mundo do Pensamento – a Lei da Atração.

Hoje, muitas pessoas falam a respeito dessa lei. A Lei da Atração é descrita em *O segredo*, tanto no livro quanto no filme, bem como no meu livro *The Attractor Factor*. Ela é ensinada pelos meus queridos amigos Jerry e Esther Hicks em livros como *A lei universal da atração*. É a lei fundamental da psicologia que diz que recebemos mais daquilo em que nos concentramos, não importa o que seja. O problema é que quase todas as pessoas se concentram nas coisas que não desejam e, como resultado, recebem mais delas.

Não existem exceções a essa lei. Sei que você gostaria que elas existissem, mas infelizmente não existem. Tudo na sua vida foi atraído pela Lei da Atração. Se essa é uma lei verdadeira, e é, então obviamente não há exceções. Nenhuma.

Vou explicar o que acabo de dizer contando uma história pessoal.

No final de janeiro de 2007, senti uma dor na barriga. Fui parar na sala de emergência de um hospital, onde fui em seguida submetido a uma cirurgia de apendicite. A minha recuperação foi rápida e tranqüila. Mas uma leitora dos meus livros enviou-me o seguinte e-mail:

> Bem, sinto saber que você teve uma crise de apendicite, mas estou realmente perplexa: como pode o gênio que escreveu *The Attractor Factor* atrair uma experiência tão drástica??? De acordo com os seus ensinamentos, você EFETIVAMENTE atraiu a apendicite, mas por quê?? Imagino que deva ter errado em algum ponto... Eu espero que você nos explique onde errou, quando descobrir o seu erro, para que possamos evitar conseqüências semelhantes.

Era uma pergunta sincera. Decidi responder. Essa foi minha resposta:

Eis como vejo a coisa:
De fato, eu atraí a minha apendicite.
Atraímos tudo na vida.
Não há exceções.
O problema é que atraímos de um modo inconsciente.
Não temos conscientemente idéia do que estamos fazendo.
Inclusive eu.

Enquanto fazia pesquisas para o meu livro *Zero Limits*, descobri que a nossa mente consciente não percebe muito mais do que 15 bits de informações em um determinado instante. O inconsciente, contudo, percebe bilhões de bits de informações. O nosso sistema operacional mais importante é obviamente o inconsciente.

O negócio então é despertar. Devemos nos tornar plenamente conscientes. Precisamos eliminar no inconsciente toda programação limitante ou negativa para que possamos fazer parte do fluxo divino que nos traz magia e milagres.

Mas como fazer isso?

Em meados de janeiro conduzi em parceria com o dr. Ihaleakala Hew Len um fim de semana chamado Zero Limits, baseado no meu livro. O objetivo da programação intensiva era mudar a vida dos participantes. A maior parte da exposição oral ficou por conta do dr. Ihaleakala Hew Len, que conduziu nossas almas por essa aventura. A ênfase recaiu totalmente na necessidade de nos livrarmos dos bloqueios que impedem o nosso vínculo com a origem de todas as coisas.

O que descobri foi que todos precisam fazer um trabalho *inimaginavelmente grande* de purificação, inclusive eu.

Mas eu fiz a purificação, e ainda estou fazendo.

Depois desse fim de semana histórico, o computador em que costumo trabalhar parou de funcionar.

O mesmo aconteceu com o meu laptop.

E todos os meus sites, que podem ser acessados a partir de www.mrfire.com, ficaram fora do ar.

Nada estava conectado e, no entanto, tudo pifou no mesmo fim de semana.

Foi exatamente nessa época que comecei a sentir uma dor na barriga.

Na noite da segunda-feira, eu estava a caminho da sala de emergência para que o meu apêndice inflamado fosse removido.

O que aconteceu?

Eu diria que o meu corpo e a minha vida estavam sendo purificados de tudo o que era fraco ou que não estava funcionando direito.

Eu diria também que foram férias forçadas.

Como Nerissa ressaltou, tenho estado ultimamente em um estado de incessante atividade, envolvendo-me com numerosos projetos, viajando e mal (OK, nunca) parando para relaxar e me revigorar.

O meu inconsciente decidiu me deter. Ao fazer com que os meus computadores parassem de funcionar, e depois eu mesmo, ele me obrigou a tirar férias forçadas.

Mas essa não é a parte realmente importante desta história.

Agora, por favor, entenda o seguinte:

Não considerei nenhuma parte dessa experiência negativa.

Não fiquei zangado, aborrecido e nem senti nenhuma outra emoção negativa.

Eu fiquei, no máximo, curioso.

Assisti ao desenrolar desses eventos como um filme interativo no qual eu era o ator principal.

Acredite, não desejo a ninguém uma apendicectomia de emergência, mas ela não foi a experiência "drástica" que você está imaginando.

Durante todo o processo, não parei de dizer "Eu te amo" e outras frases de purificação.

Simplesmente dei seguimento à minha purificação.

E tudo deu certo.

Também quero confessar que me lembro de ter pensado, duas semanas antes, que parecia estranho eu estar com 53 anos e nunca ter sido internado em um hospital ou me submetido a uma cirurgia.

Eu também havia escrito um texto no meu blog com o título: "Não Existo Mais". (Mudei depois para "Estou Vivo e Passando Bem".)

Bem, o meu inconsciente decidiu fazer com que eu passasse por essa experiência.

Ao concentrar-me nela, comecei a atraí-la. Basicamente, pedi que ela acontecesse.

Quer dizer então que eu atraí a minha cirurgia de emergência? Como diria Rocky, "Sem sombra de dúvida".

Em resumo: você precisa vigiar constantemente a sua mente. Como você não tem consciência do que o seu principal sistema operacional está fazendo, é necessário um trabalho constante para se libertar.

Mas como?

Não existem brechas

A crítica nunca é amorosa; nunca é feita para o bem de alguém. Ela tem a intenção de debilitar ou criar inseguranças e dúvidas na pessoa a quem é dirigida.

— KAREN CASEY, *Change Your Mind and Your Life Will Follow*

Às vezes assisto à série de televisão *Justiça Sem Limites*. Em um dos episódios de 2007, o ator William Shatner, que interpreta o advogado egocêntrico Denny Crain, senta-se em uma cadeira, fecha os olhos e tenta atrair a atriz Raquel Welch. Ele disse que tinha pensado primeiro em atrair a paz mundial, mas depois achou que seria mais fácil atrair uma "coisa menor", como uma atriz famosa.

Adorei ver o filme *O segredo* e a Lei da Atração serem parodiados na televisão em cadeia nacional.

Mas essa cena foi exatamente isso: uma paródia.

No final do programa, o personagem de Shatner atrai uma das maiores comediantes de todos os tempos: Phyllis Diller.

Shatner fica abalado.

Ele acha que a Lei da Atração não funcionou, e resmunga: "Vou processar essas pessoas."

O que o personagem de Shatner fez errado?

Por que ele não atraiu o que afirmava desejar?

Eis a minha opinião:

Primeiro, o personagem de Shatner se senta e se concentra, com o dedo na testa, parecendo ter uma dor de cabeça. O seu rosto não exprime alegria. A Lei da Atração funciona quando você *sente* o resultado final que deseja, e não quando apenas pensa nele. Denny Crain não chega nem perto disso.

Segundo, o personagem de Shatner não pratica nenhuma ação. Não faz nada. Levando-se em conta as características do personagem, sem dúvida ele poderia ter pegado o telefone e dado alguns telefonemas. Certamente alguém no seu círculo de poder teria sido capaz de colocá-lo em contato com Raquel Welch. *Eu* conseguiria chegar até ela, se realmente desejasse isso.

Terceiro, o personagem de Shatner atrai o que ele acha que não quer: Phyllis Diller. Este fato é *extremamente* relevante. Você sempre atrai o que *inconscientemente* acredita ser certo para você. Nessa série de televisão, Diller é, na verdade, uma antiga paixão de Denny Crain. Ela representa o sexo para ele, ou pelo menos representou em uma certa época. Isso é extremamente freudiano. Para conseguir o que deseja, você precisa se livrar interiormente das suas antigas programações. Enquanto não fizer isso, não conseguirá o que *afirma* desejar; você obterá apenas o que *inconscientemente* deseja.

Por último, Shatner resmunga no final do episódio dizendo que vai processar aquelas pessoas, e isso também é revelador. Demonstra que o personagem dele ainda é uma vítima, que só deixa de ser impotente quando recorre à coisa que melhor sabe manipular: o sistema jurídico.

Repito que adorei esse episódio de *Justiça Sem Limites*.

Mas lembre-se de que foi apenas uma paródia.

Quando se trata da Lei da Atração, não existem exceções, nem mesmo para William Shatner.

Mas vamos examinar a questão com um pouco mais de profundidade...

Além de ter sido entrevistado por Larry King em novembro de 2006 e, novamente, em março de 2007, tenho sido entrevistado diariamente por outros veículos importantes como as revistas *Time*, *Bottomline Personal* e *Newsweek*. Todos querem saber se a Lei da Atração é realmente uma lei. Todos concordam que a gravidade é uma lei, mas não estão tão seguros com relação à atração.

As pessoas que dizem que a atração não é uma lei citam exemplos como: "Eu sei que a gravidade funciona. Quando deixo cair um livro do alto de um arranha-céu, ele cai no chão. Essa é a prova da existência da lei da gravidade."

Concordo.

Em seguida, elas declaram: "Quando tento atrair uma coisa, às vezes eu consigo, às vezes não, portanto a atração não é uma lei."

Não concordo.

Eis o motivo.

Dizer que você tentou atrair uma coisa e falhou é o mesmo que dizer que você deixou cair um livro do alto de um arranha-céu *com a intenção de atingir um lugar específico* e errou. Por ter errado o alvo, você afirma que a gravidade não existe.

Isso é mais ou menos como dizer a um grupo de páraquedistas que a gravidade não existe porque eles caíram sobre um bosque em vez de aterrissar na marca vermelha, como era previsto.

É óbvio que a gravidade existe. Você é que simplesmente não sabe como usá-la para conseguir especificamente o que quer.

O mesmo acontece com a Lei da Atração.

Se você se concentra em atrair um carro novo, mas atrai em vez disso uma pequena motocicleta, isso não aconteceu porque a lei não funcionou; aconteceu porque você atraiu exatamente o que acreditava que atrairia. Na verdade, provavelmente você nunca esperou conseguir um carro novo. Talvez você sentisse que não merecia um carro. Talvez achasse que jamais teria dinheiro para comprá-lo. O que você realmente sentiu, independentemente do que tenha sido, ativou a Lei da Atração.

Repito, não existem exceções à Lei da Atração. Quanto aos antagonistas que existem por aí, William Walker Atkinson expressou-se maravilhosamente sobre eles quando escreveu o seguinte em *O poder do pensamento:*

Conversei há algum tempo com um homem a respeito do Poder de Atração do Pensamento. Ele disse que não acreditava que o Pensamento pudesse atrair qualquer coisa para ele, e que tudo era uma questão de sorte. Segundo ele afirmou, descobrira que o azar o perseguia implacavelmente, e que tudo que tocava saía errado. Isso sempre tinha acontecido, e sempre aconteceria, e ele estava acostumado a esperar que fosse assim. Quando empreendia algo novo, sabia de antemão que não daria certo e que nada de bom resultaria. Oh, não! A teoria do Poder de Atração do Pensamento não era verdadeira, até onde ele conseguia enxergar; era tudo uma questão de sorte!

Esse homem deixou de perceber que, por meio da sua própria confissão, ele estava oferecendo o argumento mais convincente a favor da Lei da Atração. Ele estava atestando que sempre esperava que as coisas dessem errado, e que elas sempre aconteciam como ele esperava. Ele era um magnífico exemplo da Lei da Atração, mas não tinha consciência disso, e nenhum argumento parecia mostrar isso para ele. A situação desse homem era "a pior possível", não havia saída – ele sempre esperava a má sorte – e todos os acontecimentos demonstravam que ele estava certo, e que a posição da Ciência Mental era absurda.

Em resumo, tudo o que você tem foi você quem atraiu. Essa lei não tem brechas. Não existem cláusulas de exceção. Você tem na sua vida exatamente o que atraiu.

Só que você atraiu tudo inconscientemente.

Isso não é uma coisa terrível.

Você não precisa se sentir mal ou se censurar por causa disso.

A culpa não é tão importante quanto a responsabilidade.

A idéia agora é despertar.

Como?

Com A Chave.

A ação é sempre necessária?

*O sucesso é a soma de pequenos esforços,
repetidos com regularidade.*

– ROBERT COLLIER

Para usar as idéias do meu livro *The Attractor Factor*, ou do filme *O segredo*, você nem sempre precisa fazer alguma coisa. Às vezes, freqüentemente até, o que você deseja acontece sem que você faça nada. Na maioria dos casos, no entanto, você precisa *entrar em ação*.

Quando a assessoria de Larry King me telefonou em uma quarta-feira à noite convidando-me para aparecer pela segunda vez no seu programa, o meu papel foi correr para o aeroporto de Austin, no Texas, e chegar a CNN em Los Angeles. Chegar ao programa na hora foi um verdadeiro sufoco. Isso é ação. Mas foi uma ação fácil, porque fazia parte do processo natural de atrair outro milagre.

A minha concepção de ação é diferente da que a maioria das pessoas tem. No livro *The Attractor Factor*, chamo o que você precisa fazer de "ação inspirada". Se você sentir um alerta interior para dar um telefonema, comprar um livro, participar de um evento ou se candidatar a um emprego, respeite essa inspiração. Aja em função dela.

Essa inspiração é proveniente da parte do seu ser que está ligada ao todo. Ela pode conduzi-lo à realização do seu objetivo. Ela enviará o alerta, mas você terá que agir em função dele.

O outro ponto que gosto de enfatizar a respeito da ação é que quando você é transparente com o que quer e está disposto a fazer o que for preciso para consegui-lo, a ação que você empreenderá não exigirá esforço.

Escrevi sobre isso antes. Já escrevi vários livros. Para muitas pessoas, essa atividade pareceria trabalhosa. Para mim, ela é desprovida de esforço. Sem dúvida estou trabalhando, mas dentro da minha concepção o que faço é tão natural quanto respirar.

Alguns dizem que o filme *O segredo* leva muitas pessoas a acreditar que a ação é desnecessária. Eu apareço no filme, e digo: "O Universo gosta de velocidade. Não se atrase. Não mude de idéia. Quando a oportunidade surgir, quando o impulso estiver presente, quando a cutucada intuitiva interior se manifestar, *aja*. Essa é a sua tarefa. É tudo o que você tem que fazer."

A ação poderá ou não ser necessária na sua situação. Depende de você e do que você quer. Na maioria das vezes, você terá que praticar algum tipo de ação. Uma parte importante da mensagem desse livro é prestar atenção aos sinais e agir rapidamente quando você tiver a impressão de que isso faz parte do plano divino.

Quando você age dessa maneira, os milagres acontecem.

Eis um exemplo do que estou querendo dizer:

Quando diagnosticaram nodos linfáticos no meu peito e me informaram que eles poderiam ser fatais, declarei uma intenção. Usei o que eu não queria (primeiro passo em *The Attractor Factor*), ou seja, os nódulos linfáticos intumescidos, para declarar o que eu *de fato* queria: livrar-me completamente de todos os problemas de saúde. Assim sendo, declarei o seguinte: "Quero me libertar e apagar os nodos linfáticos intumescidos para ser completamente saudável."

Quase todas as pessoas que declaram uma intenção deixam a situação nesse ponto. Não fazem mais nada. Às vezes você não precisa fazer mais nada, porque a sua intenção aciona tudo o que você precisa para resolver o problema. No entanto, na maioria das vezes, você tem que fazer alguma coisa. Pode ser uma coisa grande ou pequena, mas geralmente alguma ação da sua parte é necessária para que você atraia o resultado que deseja.

No meu caso, senti uma motivação interior para escrever para alguns amigos que talvez pudessem me ajudar. Lembre-se de que eu não tinha um motivo lógico para escrever para essas pessoas. Talvez racionalmente eu quisesse o apoio emocional delas, mas o que eu realmente estava fazendo era agir em função de uma inspiração. Entrei em ação.

Uma das pessoas para quem escrevi foi Joseph Sugarman, presidente da empresa BluBlocker de óculos escuros e autor de numerosos livros, entre eles *Triggers*. Para minha surpresa, Joe me contou que estava trabalhando com um grupo de cientistas no exterior para criar um suplemento capaz de curar efetivamente o câncer e dissolver tumores. Embora ainda não estivesse no mercado, Joe poderia me arranjar algumas cápsulas desse suplemento caso eu estivesse interessado. Você pode imaginar a minha alegria — e o meu interesse. Instantaneamente respondi que queria mais informações. Joe enviou-me um relatório que transcrevo parcialmente a seguir:

> O produto é uma nova forma de glutationa. Se você não está familiarizado com glutationa, deveria estar. Glutationa é um antioxidante produzido naturalmente pelo corpo que tem sido muito mencionado na literatura científica. As pesquisas confirmam e apóiam a sua capacidade de combater doenças, bem como as suas propriedades que aumentam a imunidade. E estou falando de setenta mil pesquisas. Mas existe um problema.
> Quando envelhecemos, o nosso corpo passa a produzir menos glutationa. Na verdade, muito menos. As nossas células, que precisam desesperadamente de mais glutationa, começam a morrer porque o nosso corpo não consegue produzir uma quantidade suficiente que lhe permita fazer frente ao dano cotidiano que sofremos.

Tomar suplementos de glutationa não funciona de um modo muito eficaz. Ou a glutationa sintética é destruída na corrente sangüínea quando é injetada ou é destruída no estômago quando é ingerida. O que fazer para captar o pleno poder antioxidante da glutationa sem que ela seja destruída antes de chegar às células? É aí que entra a pílula mais eficiente do mundo.

Protectus 120 é a primeira glutationa "protegida" do mundo. Em resumo, ela tem uma proteção que a permite passar pelo estômago e chegar às células como uma substância lipossolúvel. Desse modo, as células absorvem facilmente o Protectus 120 através das paredes celulares, o que proporciona uma restauração das funções e um aumento da imunidade que desfrutamos apenas nos anos da juventude.

É claro que pedi a Joe que me enviasse o produto *imediatamente*, embora ele ainda não estivesse no mercado e não fosse possível encontrá-lo em lugar nenhum. Minutos depois ele me colocou em contato com os cientistas que pesquisaram e criaram o suplemento. Em breve eu estava recebendo as pílulas na minha casa. Comecei a tomá-las na hora.

Nada disso teria acontecido se eu não tivesse entrado em ação.

Mas eu não parei por aí.

Também procurei curadores que eu conhecia ou já tinha ouvido falar. Mais uma vez, eu me senti inspirado a entrar em contato com eles. Um deles, Howard Wills, passou várias sessões trabalhando em mim por telefone com a sua cura energética. Outra, Ann Taylor, passou uma hora trabalhando no meu caso, também por telefone. John Roper fez preces por mim. Fui ver Roopa e Deepak Chari no Chari Center for Healing em San Diego. Além de tudo isso, também entrei em contato com médicos, como Marc Gitterle, e com um consultor de saúde e quiroprático, dr. Rick Barrett.

Eu agi *intensamente*. Admito que algumas das ações que pratiquei se basearam no medo. Em outras palavras, se eu confiasse mais no poder da intenção, talvez não tivesse feito tantas coisas. Entretanto, eu teria feito *alguma coisa,* e independentemente do que fosse, teria me baseado em uma inspiração. Ah sim, acredito que foi por causa dos passos que eu dei que os nódulos linfáticos intumescidos se tornaram inofensivos.

Quando você começar a usar A Chave, fique atento a cutucadas interiores para que você aja. Faça o possível para determinar se a cutucada se baseia no medo ou no amor. Se você tiver vontade de resistir à ação, é um sinal de que provavelmente precisa empreendê-la. À medida que você for seguindo os passos deste livro para libertar-se, você fará a ação necessária para atrair o resultado que deseja. Isso acontecerá naturalmente.

Finalmente, pense no seguinte: você nem sempre precisa fazer tudo para atrair o resultado que quer, às vezes não é necessário fazer nada, mas você sempre precisa estar *disposto* a empreender qualquer ação que se sinta inspirado a realizar. A sua disposição de entrar em ação é um sinal de que você está livre. Quando você está livre, você obtém o resultado que deseja (ou algo ainda melhor).

Essa é a promessa d'A Chave.

Como atrair um milhão de dólares

Estou completamente satisfeita, só que quero mais!

— BRITTA ALEXANDRA, como Miss Bootzie

Como mencionei anteriormente, o Universo (o Divino, Deus, não importa como você o chame) envia uma idéia para a mente de várias pessoas ao mesmo tempo. O Divino sabe que nem todas elas entrarão em ação. De certa maneira, ele está simplesmente cuidando para que sua idéia se realize.

A pessoa que age mais rápido em função dessa idéia é a primeira a colocá-la no mercado, e geralmente a que tem mais lucro. O primeiro a agir obtém a maior recompensa, além disso ganha essa recompensa antes dos outros. As outras pessoas ainda podem agir motivadas pela idéia original e se sair bem, mas em geral a primeira pessoa a apresentar uma nova idéia é também aquela que terá um grande lucro.

Eis um exemplo de como a coisa funciona:

Certo dia, um amigo meu me telefonou e eu não pude atender. Ele deixou um recado dizendo que tinha uma idéia de um milhão de dólares para um produto. Na mensagem, ele fez um breve resumo da idéia.

O ponto é o seguinte:

Enquanto ele *deixava* a mensagem, eu tinha saído para *criar* exatamente essa idéia.

Em outras palavras, o Universo enviou a mesma idéia para o meu amigo, para mim e muito provavelmente para algumas outras pessoas. Mas quando a idéia entrou no meu mundo, eu agi imediatamente em função dela. Na verdade, eu estava criando a idéia enquanto outros, entre eles o meu amigo, ainda estavam pensando nela.

Já disse isso antes, e vou repetir: o dinheiro gosta de velocidade; o Universo gosta de velocidade. Quando você tiver uma idéia, aja em função dela.

A única coisa que pode impedi-lo de agir rapidamente é a hesitação. É essa hesitação que precisa ser eliminada. A Chave existe para isso. Quando você se liberta, sabe o que fazer e simplesmente põe as mãos na massa.

Pense no seguinte: o meu amigo não ficou nem um pouco aborrecido quando soube que eu tinha agido em função da mesma idéia que ele tivera. Ele sabia que ainda poderia fazer o seu produto. Também sabia que não existe escassez no mundo. Ele me apoiou e eu o apoiei.

Este é o tipo de situação de ganho mútuo que você experimentará o tempo todo quando usar A Chave.

Eis outro exemplo:

No último fim de semana, o meu quiroprático, dr. Rick Barrett, me viu carregando uma pequena bolsa de couro, uma espécie de mochila elegante, e comentou que gostaria de comprar uma igual. O problema é que eu comprei a bolsa há mais de um ano por 150 dólares e seria difícil conseguir outra. O homem que me vendeu a mochila era especializado em cintos e fivelas. A bolsa tinha sido uma oferta de ocasião. No entanto, eu disse mentalmente a mim mesmo que iria atrair uma mochila para o dr. Barrett.

Passei a pensar na mochila todos os dias, pelo menos por alguns instantes. Decidi me concentrar em encontrar o homem de quem eu a comprara para poder perguntar se ele teria outra.

Mas ao mesmo tempo fazia outras coisas e pensava em outros assuntos.

No entanto, ontem, recebi um e-mail, do nada, exatamente do homem que me vendeu a mochila. Ele estava querendo saber se eu havia recebido um cinto e uma fivela que ele me enviara de presente. Achei incrível o fato de ele ter escrito para mim, pois não tinha notícias dele havia mais de seis meses. Aproveitei a oportunidade para responder ao e-mail e, naturalmente, perguntar a respeito das bolsas de couro.

O homem respondeu de imediato, dizendo que não vendia mais as bolsas, mas tinha olhado no estoque e encontrara duas delas lá, de tamanhos diferentes. Disse então que podia enviá-las para mim, sem nenhum custo.

Ele escreveu: "Você é um cara com um Poder de Atração tão grande que estou com vontade de dar as bolsas de presente para você."

Fiquei aturdido.

No entanto, ao mesmo tempo, eu sabia que é assim que a Lei da Atração funciona quando estamos livres por dentro: declaramos o que gostaríamos de ter, porém sem nos apegarmos aos resultados. Apenas lançamos alegremente a idéia no Universo, e quando ele coloca a oportunidade diante de nós, entramos em ação. É assim que funciona.

E repare que todo mundo saiu ganhando:

Não apenas o dr. Barrett poderá escolher a bolsa que quiser entre duas de tamanhos diferentes, como eu ficarei com outra para mim.

E o homem que me deu as duas bolsas?

Estou enviando para ele uma caixa cheia de presentes, como a coleção de DVDs *The Missing Secret*, o meu DVD *Humbug*, o meu recente livro *Buying Trances: A New Psychology of Sales and Marketing* e outras surpresas agradáveis.

Além disso, ele também está ganhando alguma publicidade, já que estou falando aqui o seu nome, Rob McNaughton, e o seu site, www.robdiamond.-net/.

É assim que funciona a Lei da Atração: quando estamos livres por dentro, obtemos o que queremos ou algo ainda melhor do que desejamos conscientemente. No entanto, se não estamos livres por dentro, com freqüência esbarramos em bloqueios, geralmente os mesmos.

Ontem à noite passou na televisão *Duro de matar 2*, o famoso filme de ação estrelado por Bruce Willis. O personagem principal, que mal conseguiu sobreviver aos terroristas no primeiro filme, está tendo novamente dificuldades para sobreviver aos bandidos no segundo. Em um determinado momento, Bruce Willis diz: "Por que essas coisas sempre acontecem comigo?" Eu falei bem alto para a tela: "É a Lei da Atração, meu amigo."

Enquanto ele não usar A Chave para se libertar, continuará atraindo as mesmas coisas, e nunca perceberá que *ele é* o ímã.

Não conseguir se libertar pode até resultar num grande filme, mas na vida real gera resultados horríveis.

Por que coisas materiais?

As vibrações magnéticas do perdão trazem coisas boas.

— CATHERINE PONDER

Às vezes os leitores se perguntam por que as pessoas que lêem os meus livros ou assistem ao filme *O segredo* estão tão focadas em atrair coisas como um carro novo, uma casa nova ou até mesmo a felicidade. Alguns consideram essas coisas "pequenas e egoístas".

A verdade é que muitas pessoas são infelizes, pouco saudáveis e sofrem com problemas financeiros, por isso usar A Chave para conseguir um carro, uma casa, um emprego ou a felicidade é simplesmente a coisa mais nobre que elas são capazes de fazer. E isso é exatamente o que elas deveriam fazer. Não se trata de uma atitude egoísta, já que é um passo em direção à autorealização.

As pessoas às vezes dizem que o foco daqueles que usam a Lei da Atração recai demais sobre o aspecto material. O que elas não entendem é que a esfera material e a espiritual são a mesma. Você é um ser físico, mas a sua essência é espiritual. Tudo o que você deseja é um símbolo – pode parecer um objeto concreto, mas na verdade é composto de energia. Essa energia é o espírito. O aspecto material e o espiritual são duas faces da mesma moeda. Querer uma coisa material é o primeiro passo para despertar o espírito que reside dentro dela, de você e de todas as coisas.

Sei que depois de um certo ponto, você começa a olhar mais para o alto. Depois de atrair um ou dois carros, um relacionamento melhor ou mais dinheiro, você começa a expandir os seus desejos. Começa a perceber que tudo é possível. Começa a querer ajudar os outros e até melhorar o planeta. Já existem várias pessoas no mundo fazendo exatamente isso: usando a Lei da Atração para curar o câncer, a AIDS, diminuir a pobreza e muito mais.

A apresentadora Oprah é um bom exemplo. Ela admite abertamente que usa o princípio de *O segredo* e está realizando um trabalho histórico em países do Terceiro Mundo. Larry King é outro, ele tem uma fundação que oferece apoio a pessoas carentes com problemas cardíacos. George Foreman, ex-campeão de boxe na categoria peso-pesado, ajuda muitas pessoas com os seus centros para jovens.

Muitos dos mestres do filme *O segredo* também apóiam grandes causas.

Jack Canfield quer transformar a política. Lisa Nichols está indo para a África para ajudar as pessoas de lá. Eu estou trabalhando para acabar com a falta de moradia e a pobreza, duas dificuldades que enfrentei pessoalmente. Também estou ajudando as pessoas (com o apoio do preparador físico Scott York) a abrir seus próprios negócios e a aperfeiçoar o corpo através do site www.yourbusinessbody.com.

Existem ainda as pessoas de que você nunca ouviu falar e que estão usando a Lei da Atração para mudar o mundo. Cynthia Mann criou a Red Lipstick Campaign para arrecadar dinheiro para ajudar as mulheres que sofrem de câncer a receber tratamentos de beleza, aumentando sua auto-estima. Tammy Nerby é uma comediante que está compondo saudações e elogios para enviar aos soldados que estão no exterior para que se sintam mais amados.

E a lista continua.

Culturalmente, nossa sensação com relação aos grandes problemas é a de sermos vítimas, por isso essas questões talvez não sejam resolvidas da noite para o dia. Mas esteja absolutamente certo de que pessoas maravilhosas estão trabalhando nesses problemas e usando as idéias apresentadas em *O segredo* e *The Attractor Factor* para esse fim.

Além disso, vale lembrar que aprender a atrair uma coisa material é a melhor maneira de provar a si mesmo que essas idéias funcionam. Se você está desempregado e usa A Chave para conseguir um emprego, você está provando que ela funciona. Se você não tem um carro estacionado na entrada da sua casa, mas usa as idéias deste livro para atrair um, o novo carro é a prova concreta de que você está aprendendo a criar a sua realidade. Esse bem material torna-se então uma maneira de documentar a sua evolução.

Mas eis uma coisa ainda mais importante:

Em vez de ficar se perguntando o que todo mundo está fazendo, pergunte o que você está fazendo.

Como *você* está ajudando o mundo?

Que causas *você* está criando ou apoiando?

De que maneira *você* está contribuindo para melhorar o planeta?

Quando você começar a pensar no que deseja para si mesmo, pense também no que deseja para o mundo. Estamos juntos nesta aventura. O que você quiser atrair poderá ajudar o mundo, se você tiver essa consciência. Eu estou estimulando você a pensar de um modo amplo, como nunca pensou antes, e também a incluir causas nobres nos seus pensamentos. Você não precisa ser a Madre Teresa, mas pode ser um anjo silencioso que pratica boas ações no mundo.

Como disse Gandhi: "Procure ser a mudança que você deseja ver no mundo."

Você é?

Você será?

Quando?

O seu limite de merecimento

Nunca olhe para a sociedade como um modelo de comportamento e de paradigmas.

– Dr. Bruce Goldberg, *Karmic Capitalism*

Quase todas as pessoas se queixam de que não têm dinheiro suficiente.

Elas olham para as contas que precisam pagar, pensam nos seus desejos e necessidades, pegam o talão de cheques e ficam apavoradas.

Como irão pagar as contas?
Como irão alimentar a família?
Como irão atrair mais dinheiro?

Estou certo de que você conhece essa sensação. Todos já passamos por isso. Você talvez esteja passando por isso agora mesmo.

Mas o que considero *realmente* curioso é o seguinte:

O filme *O segredo* e muitos dos mestres que aparecem nele oferecem maneiras comprovadas de atrair dinheiro e outros bens materiais. Os métodos obviamente funcionam, considerando-se os milhares de depoimentos de pessoas que hoje têm dinheiro e antes não conseguiam encontrá-lo nem em um banco com a porta do cofre aberta.

No entanto, algumas pessoas se queixam de que a ênfase do filme está excessivamente nas coisas materiais. Dizem que isso é egoísta e egocêntrico.

Você consegue perceber a programação cultural por trás desse pensamento?

"O dinheiro é ruim."
"Cuidar de si mesmo é errado."
"As coisas materiais não são espirituais."

Repare na contradição: você quer dinheiro e ao mesmo tempo afirma que concentrar-se nele é uma coisa ruim ou egoísta, ou seja, *você está afastando o dinheiro*.

Até mesmo os *fãs* do filme fazem isso. Algumas pessoas usam a Lei da Atração para sair do vermelho ou para comprar um carro novo. Elas atraem apenas uma determinada quantia e depois começam a achar que estão sendo egoístas. Nesse ponto, elas inconscientemente interrompem o fluxo e ficam se perguntando o que está acontecendo.

É uma coisa bem estranha.

Primeiro as pessoas lutam para ter dinheiro, e ficam preocupadas e ansiosas quando estão passando por dificuldades.

Em seguida aprendem a atraí-lo efetivamente, conseguem algum dinheiro, e aí começam a se queixar de que o dinheiro não é espiritual.

Espere um minuto. Essas pessoas não queriam ter dinheiro? Por que o dinheiro era bom quando elas não o tinham e passou a ser ruim quando finalmente o conseguiram?

Tudo isso acontece por causa das convicções. As pessoas atingem o seu limite de merecimento.

O meu pai joga na loteria. Mas quando o valor chega a cem milhões de dólares, ele pára de jogar. Diz que é uma quantia "grande demais" e que *"tanto* dinheiro seria sua ruína".

Ganhar 99 milhões de dólares tudo bem, mas cem milhões já é demais.

Uma vez mais, estamos lidando com convicções. Estamos lidando com limites de merecimento.

Certa vez eu estava em um evento quando um homem telefonou para a mulher e me passou o seu celular. Ele queria que uma das estrelas de *O segredo* fizesse uma surpresa para ela. Peguei o aparelho, disse o meu nome e a ouvi gritar. Ela estava falando com uma celebridade. Estava tonta de emoção. Mas em seguida, começou a me perguntar o que eu estava fazendo para salvar o mundo.

Num primeiro momento essa mulher era fã do filme *O segredo*, estava usando o que aprendera para atrair algumas coisas, mas logo que atingiu a sua zona de conforto, ela passou a não querer mais nada e começou a ser crítica.

O que aconteceu?

Eu mantenho o blog www.mrfireblog.com. Às vezes escrevo a respeito de um dos meus carros favoritos, chamado Francine. É um Panoz Esperante GTLM 2005, um carro esporte diferente, de luxo, montado manualmente. Adoro Francine. Mas nem todo mundo adora o fato de eu escrever sobre o carro. Um homem que lê regularmente o meu blog escreveu o seguinte:

> Eu costumava ficar irritado quando você escrevia sobre todos os seus carros, mas vejo agora que você estava simplesmente me provocando. Eu não tinha nada a ver com você ou com os seus carros. Eu não me sentia bem com a riqueza, por isso não gostava de vê-la ostentada pelos outros. Agora sinto prazer em ouvi-lo falar a respeito de Francine. Obrigado por me ajudar a ampliar os meus limites interiores.

Esse leitor reconheceu o seu próprio limite de merecimento. Logo que teve consciência dele, foi capaz de ascender facilmente a um novo nível.

Eis outro exemplo: muitos dos mestres que aparecem no filme *O segredo* criaram produtos e serviços para ajudar você a alcançar as suas metas. Quando a sua mente está aberta, você agradece a eles por isso. No entanto, quando a sua mente está fechada, você diz que eles estão apenas "vendendo" seus produtos.

Bem, eles estão vendendo ou servindo?

As duas coisas e nenhuma das duas. Depende das suas convicções. Depende do seu limite de merecimento. Se você acha que eles estão se aproveitando de você, você diz que eles estão vendendo (porque você acha que vender é ruim). Se você acha que eles o estão ajudando, você diz que eles estão servindo (porque você acha que servir é bom).

Uma vez mais, tudo depende das suas convicções, especificamente da sua convicção sobre o que você *merece*. Essa convicção cria um limite que você só vai conseguir superar se utilizar métodos de libertação como os que eu apresento neste livro.

Isso me faz lembrar uma pergunta que um terapeuta costumava fazer aos seus pacientes:
"Quanta prosperidade você consegue suportar?"
A maioria de nós não consegue suportar *muita* prosperidade.
"O que os vizinhos vão pensar?"
"O que a minha família vai pensar?"
"Se for *próspero* demais, com certeza alguma coisa ruim vai acontecer."
"Não mereço que as coisas sejam boas demais para mim."
"Se for próspero demais, quando a prosperidade acabar ficarei infeliz de novo."
"Se eu me sentir muito feliz, não farei nada para salvar o planeta."
Todas essas convicções são limitantes.

A sua vida pode ser fantástica. Verdadeiramente incrível. Entretanto, com muita freqüência, atingimos um determinado nível de vida e não conseguimos ultrapassá-lo. Por quê? Por causa das restrições que impomos a nós mesmos. Por causa do nosso limite de merecimento.

Você pode enganar a si mesmo racionalizando e criticando *O segredo*, a mim, os outros, o mundo e assim por diante; mas no final das contas *você* está apenas limitando a sua própria prosperidade.

Depois que você se liberta usando A Chave, não há muitas coisas que não possa ter, fazer ou ser. Na verdade, duvido que existam limites. Os únicos limites que temos são frutos do nosso modo atual de ver a realidade. Essa realidade muda à medida que elevamos nossas expectativas a respeito do que é possível. A sua meta deve ser sempre a felicidade, o que eu chamo de despertar espiritual, mas não existem limites ao longo desse caminho, apenas os seus próprios.

E então, quanta prosperidade você consegue suportar?

Conte com os milagres

Se você realmente acredita numa coisa, ela sempre acontece; acreditar em uma coisa faz com que ela aconteça.

— FRANK LLOYD WRIGHT

Este livro revela dez maneiras comprovadas que farão com que você desperte e se liberte para usar conscientemente a Lei da Atração. Você mesmo completará cada método; eles foram elaborados para isso, de modo que você não precisará de mais livros, mestres ou de qualquer outra coisa. Não há nada de errado com mais livros ou mestres, mas concebi este livro para ser uma ferramenta autônoma. Quero que ele seja a única fonte que você vai precisar consultar para sua transformação pessoal.

Você pode ler este livro sempre que se sentir inspirado. Sugiro que primeiro leia tudo do início até o fim, como leria um romance, para ter uma idéia do conteúdo. Depois disso, você pode ir direto para a técnica que mais o atrair. Confie em si mesmo. Desfrute o processo. Uma regra prática é fazer o que é divertido. Se você tiver que fazer alguma coisa que não pareça divertida, descubra uma maneira de mudar a sua perspectiva ou arranje outra pessoa (que considere essa coisa divertida) para fazê-la. Quando se trata do crescimento pessoal, você não pode delegar nada, mas *pode* escolher o método que preferir na hora que quiser. Você tem escolha.

Também quero lembrar que se você desejar apoio na aventura de construir uma vida cheia de magia e milagres, procure o programa de *Coaching* de Milagres (que é descrito em www.miraclescoaching.com). Repito que este livro foi concebido para ser tudo o que você precisa, mas como você descobrirá à medida que for lendo, um reforço às vezes pode acelerar o processo da mudança. (Tanto que no livro *Mude ou morra*, de Alan Deutschman, o primeiro passo para criar uma mudança duradoura é ter uma equipe de apoio.)

Antes de começar a usar os métodos deste livro, escreva algumas coisas que você gostaria de ser, fazer ou ter. Isso é importante. Quando você declara a sua intenção, você harmoniza os seus pensamentos para começar a trabalhar no que quer. Você ativa a Lei da Atração.

Entretanto, às vezes algo mágico também acontece. Você faz um pedido ao Universo (não importa como você chame esse poder que é maior do que todos nós), e ele começará a levar para você o que você quer e a fazer com que você se envolva em situações propícias para atrair essa coisa. O Universo também removerá as dificuldades do seu caminho, de modo que você conseguirá superar os obstáculos.

Não se trata de magia, embora freqüentemente possa dar essa impressão. Para sermos exatos, você estará usando as leis naturais do Universo para se harmonizar com a experiência que você deseja atrair.

Lembre-se de que você deve ter pensamentos ambiciosos. Como escrevi em um dos meus livros anteriores, *Life's Missing Instruction Manual*, o meu lema favorito é uma frase latina do século XVI: *Aude aliquid dignum*. Isso significa "Ouse querer algo que valha a pena".

Bem, se você pudesse ter qualquer coisa – ousar querer qualquer coisa – que coisa seria essa?

E enquanto você está pensando, reflita também sobre o seguinte: no meu livro *The Greatest Money-Making Secret in History*, sugeri que você "pensasse como Deus". O que isso significa? Se você tivesse poderes para fazer, ser ou ter qualquer coisa, o que você faria? Lembre-se de que Deus é onipotente. Se você pensasse como Deus, você se preocuparia com alguma coisa? Você se preocuparia com desculpas? A idéia é *fingir* que você é Deus enquanto pensa sobre a vida que deseja atrair.

Tendo em mente essas idéias, o que você quer?

Escreva aqui ou em um diário:

_____
_____
_____
_____
_____
_____
_____
_____
_____
_____
_____
_____
_____
_____
_____
_____
_____
_____
_____
_____
_____
_____

*A maneira como escolhemos ver o mundo cria
o mundo que nós vemos.*

— BARRY NEIL KAUFMAN

Tenha pensamentos mais ambiciosos!

Se você não sabe que não pode, você pode. Se você não sabe que pode, você não pode.

– GENE LANDRUM, *The Superman Syndrome*

Agora vou provocar você um pouco. Examine a sua lista de metas e desejos e pergunte a si mesmo se você foi sincero. Em outras palavras, o que você *realmente* deseja que não colocou na lista, talvez por achar impossível ou por não saber como alcançar?

A idéia é ter os pensamentos mais ambiciosos que você já teve. E pense nos outros também. Com freqüência as intenções são mais poderosas quando elas incluem ajudar os outros. Em outras palavras, querer mais dinheiro para si mesmo é bom, mas querer mais dinheiro para si mesmo e para a sua família é ainda melhor.

Segundo o livro *Spiritual Capitalism*, de Peter Ressler e Monika Mitchell Ressler, Albert Einstein teria dito: "O ser humano experimenta a si mesmo, os seus pensamentos e sentimentos, como algo separado do resto, uma espécie de ilusão de ótica da sua consciência. Essa ilusão é uma prisão para nós, restringindo-nos aos nossos desejos pessoais e a sentir afeto apenas pelas poucas pessoas que estão mais próximas. A nossa tarefa precisa ser libertar-nos da prisão ampliando o nosso círculo de compaixão para abraçar todos os seres vivos e toda a natureza."

Não há nada de errado em ter ideais enormes e nobres como a paz na Terra, o fim da fome ou da falta de moradia. Essas coisas podem parecer impossíveis à primeira vista. No entanto, eu acredito em milagres. Acredito que tudo é possível – sem exceções. Você talvez não saiba como conseguir uma coisa, e talvez ninguém tenha conseguido essa coisa ainda, mas isso não significa que ela seja impossível. Você pode ser aquele que irá encontrar a cura ou resolver o problema.

Assim sendo, escreva agora as suas metas com toda a sinceridade. Insisto, não se preocupe com a maneira como irá conseguir realizá-las. Assim que declarar a sua intenção, você começará a pensar em como atraí-la. Depois que fizer os diferentes exercícios de libertação deste livro, você estará no caminho certo para atrair milagres.

Escreva o que você realmente quer aqui ou no seu diário.

Boa leitura e *conte com os milagres!*

SEGUNDA PARTE

Os métodos

O conceito do Universo como puro pensamento lança uma nova
luz sobre muitas situações com as quais nos deparamos
no estudo da física moderna.

— SIR JAMES JEANS, físico, matemático e astrônomo

Primeiro método de libertação

Você está aqui

A felicidade depende mais da disposição interior da mente do que das circunstâncias externas.

— BENJAMIN FRANKLIN

Certo dia eu fui de carro para Austin, Texas, para me encontrar com a equipe que dirige os meus programas de *Coaching* de Milagres e *Executive Mentoring*. Tinha algumas novidades emocionantes para compartilhar com eles, e algumas notícias incríveis chegaram enquanto eu estava lá.

Pela manhã, o popular programa de televisão *Today Show* telefonou, pedindo informações sobre o meu livro *Zero Limits*. Isso foi excelente, mas a notícia que chegou depois foi ainda melhor.

Na hora do almoço, distribuí minha recém-concluída bibliografia, com a obra da minha vida até agora — 45 páginas cheias de livros, textos eletrônicos, fitas de áudio e de vídeo, softwares, programas de preparo físico e outras coisas — enfim, uma lista com tudo o que criei até hoje. O peso do documento chegou a me impressionar.

Mas essa também não foi a principal novidade do dia.

Enquanto eu almoçava com o pessoal da equipe, levantei e disse a eles algo que me senti inspirado a compartilhar. Fui até o quadro que estava na parede, desenhei um ponto e tracei um círculo ao redor dele.

Eu falei para eles pensarem no quadro como o mapa de um shopping cheio de lojas, com a indicação "Você está aqui" para que as pessoas possam se orientar.

– Onde vocês querem ir a partir desse ponto? – perguntei.

– Para cima – respondeu alguém.

– Para cima e para fora do quadro – disse outra pessoa.

– Isso tudo é ótimo – prossegui. – Vocês querem subir. Desejam mais vendas, mais resultados e mais riqueza, certo?

Todos concordaram.

Coloquei então outro ponto no quadro, bem em cima, e fiz um círculo ao redor dele.

– Este ponto representa o lugar aonde vocês querem ir – declarei.

Fiz então a pergunta-chave:

– Como vocês vão fazer para ir de onde estão para onde desejam chegar?

Todos ficaram quietos por alguns instantes, mas em seguida começaram a dizer coisas como "Traçando uma linha reta", "Fazendo uma coisa de cada vez", "Tomando mais iniciativas para aumentar as vendas" e assim por diante.

– Tudo isso é muito bom – repliquei. – São respostas práticas. Mas quero que pensem no filme *O segredo* e no meu livro *The Attractor Factor*. Vou lhes dizer o que considero o maior segredo para que vocês consigam qualquer coisa que desejarem.

Todos ficaram em silêncio, sem saber ao certo onde eu queria chegar com aquilo.

– Alguém quer saber qual é o segredo? – perguntei.

Todos começaram a rir. Claro que queriam saber a resposta.

Apontei para o ponto "Você está aqui" e disse:

– O segredo para que vocês consigam o que quiserem é apreciar esse momento. Quando são gratos pelo que está acontecendo nesse momento, todas as coisas surgirão para vocês a partir dele. Vocês se sentirão inspirados a empreender algum tipo de ação. E isso os levará para o alto. Mas a única maneira de chegar lá em cima é viver esse momento com gratidão.

Todos já tinham ouvido essas palavras antes, mas eu queria enfatizá-las para que eles realmente as entendessem.

Mencionei então Bootzie, a minha amiga da ilha Maui, a segunda maior ilha do Havaí, que costuma dizer a melhor frase que ouvi nos últimos tempos: "Estou completamente satisfeita, só que quero mais."

Essa é A Chave do sucesso, expliquei.

É querer mais sem precisar de mais.

Falei então sobre a importância da gratidão e sobre como ela conduz a essa ascensão. Quase todos nós não estamos felizes agora, no lugar onde estamos, achando que seremos felizes quando chegarmos a um outro ponto. Mas a grande ironia é que quando você chegar ao ponto que queria, não será feliz. Você estará procurando outro ponto no mapa. Você usará a infelicidade para maltratar a si mesmo e se obrigar a seguir adiante. Mas as coisas não precisam ser desta maneira.

Simplesmente seja feliz agora.

É desse momento que surgirão os milagres que você está buscando.

O grupo entendeu o que eu estava querendo dizer. Todos sorriram, com os olhos iluminados, e partiram cheios de entusiasmo.

Agora vem a parte realmente interessante.

Recebi um telefonema logo depois dessa reunião. Era Suzanne, a minha assistente. Ela quase nunca me liga, e além disso sabia que eu estaria em uma reunião, portanto tive certeza de que a ligação era importante.

Atendi o telefonema e, para o meu enorme prazer, soube que a equipe do programa da Oprah estava pedindo o meu material de divulgação.

E queriam recebê-lo antes da meia-noite.

Eles estavam pensando em me convidar para o programa.

Oprah!

Agora, entenda o seguinte: eu estava feliz naquele momento. Enquanto fico feliz, atraio coisas boas para o momento seguinte. E enquanto fico feliz no momento seguinte, atraio mais felicidade.

Você também pode fazer isso. Talvez a Oprah não telefone para sua casa, mas você receberá o que é certo para você. Explico isso em detalhes no livro *Zero Limits,* mas a essência da mensagem é a seguinte:

Tudo o que você precisa fazer é viver plenamente o ponto que diz "Você está aqui" e fazer o que o momento disser que você deve fazer.

E quando o telefone tocar, atenda!

O primeiro passo é ser grato. É impossível enfatizar o suficiente como este método é importante para que você se liberte e alcance os milagres que está buscando.

Certo dia, Robert Ringer me entrevistou em uma teleconferência. Ele é o autor de vários best-sellers, como *Winning Through Intimation* e *Looking Out for # 1.* Ele também acha que a gratidão é o bilhete para o sucesso.

Expliquei que se você começar a se sentir grato por qualquer coisa, nem que seja por um lápis, por este livro ou pelas suas meias, você poderá mudar o seu estado interior. Quando você fizer isso, começará a atrair mais coisas pelas quais poderá se sentir grato.

Quando fui pela primeira vez ao programa *Larry King Live,* o meu amigo Jack Canfield, co-autor da série de livros *Histórias para aquecer o coração* e *Os princípios do sucesso,* disse que o autor John DeMartini não sai da cama de manhã enquanto uma lágrima de gratidão não desce pelo seu rosto. Você pode imaginar como ele se sente maravilhosamente bem ao começar o dia com esse sentimento extraordinário.

Ontem passei algumas horas em San Antonio com um amigo muito querido. Conversamos bastante a respeito da vida e da espiritualidade. Eu lhe disse que a maioria das pessoas não vive no momento presente. Elas estão sempre olhando para o próximo negócio, o próximo carro, a próxima casa, o próximo aumento de salário, o próximo contracheque – sem perceber que a coisa mais importante, o verdadeiro milagre, está bem aqui.

A busca pelos bens materiais é uma ilusão. Não há nada errado com ela, desde que você saiba que faz parte do jogo da vida. No entanto, quase todas as pessoas acham que os bens materiais trarão uma felicidade duradoura. Isso não é verdade. Assim que você alcançar ou atrair o que deseja, passará a desejar outra coisa. Começará a perseguir o momento seguinte. O truque é viver esse momento e alegremente desejar mais, desprovido de qualquer necessidade, apego ou dependência. Sentindo apenas gratidão pelo que tem agora enquanto recebe com alegria ainda mais coisas.

Conversei com o meu amigo a respeito de filme *Click*, com o ator Adam Sandler. No filme, Adam está tentando avançar rapidamente pela vida. Na verdade, ele consegue. Entretanto, perto do fim da sua existência, compreende que deixou escapar a vida em si.

Faço o possível para não perder cada momento. É claro que nem sempre consigo. Também estou aprendendo. Mas faço o que posso para permanecer aqui, agora, sabendo que enquanto faço isso o momento seguinte cuida de si mesmo. Quando eu vivo plenamente esse momento, os momentos seguintes se tornam tão bons quanto ele e, com freqüência, incrivelmente melhores.

Na verdade, quando você vive o momento, você atrai uma quantidade maior das coisas boas da vida e as aprecia por mais tempo. A Chave é estar aqui e agora, com consciência e gratidão.

Este método de libertação consiste em estar aqui e agora com gratidão. Quando você faz isso, começa a atrair ainda mais coisas pelas quais pode se sentir grato. Este é um segredo poderoso. Ao fazer isso, estará usando A Chave para atrair uma quantidade maior das coisas que quer. Tudo começa com a gratidão.

Você talvez esteja pensando que tem contas demais, que a sua dor é intensa, ou que as suas preocupações são tão grandes que você não tem como se sentir grato por nada, e entendo isso perfeitamente. Mas sempre existe *alguma coisa* pela qual você pode sentir gratidão. Sempre. É apenas uma questão de decidir enxergá-la. Você pode se sentir grato por este livro. Pelo teto que está em cima da sua cabeça. Pelos seus amigos. Pela cadeira na qual está sentado. Pela sua vida. Comece pelo que puder, porque sentir-se grato é a maneira mais rápida de atrair um milagre.

Na verdade, sentir-se grato faz com que você saiba que o milagre já está acontecendo, neste exato momento. Como disse Sócrates: "Aquele que não está satisfeito com o que tem não ficará satisfeito com o que gostaria de ter."

Talvez a história que se segue possa ajudá-lo a sentir gratidão por esse momento:

Há cerca de três anos, Kevin Hogan, autor de *Você pode influenciar pessoas* e muitos outros livros, falou-me a respeito de um menino chamado Kirk. Ele sofreu um AVC poucas semanas depois de nascer. Aparentemente isso também pode acontecer com os bebês, com mais freqüência do que gostaríamos de imaginar.

Kevin pediu que eu o ajudasse a arrecadar dinheiro para pagar as consultas médicas e as cirurgias, o que fiz de bom grado. Agora, Kirk está se mexendo um pouco, e sorrindo muito. Ele me envia pequenas mensagens de "Eu te amo" e fotos – por e-mail e com a ajuda da sua mãe. Todas essas mensagens me fazem sorrir. Recebi uma foto outro dia e fiquei olhando para ela durante alguns minutos, examinando o sorriso feliz e contagiante de Kirk, sentindo-me atraído pelo espírito carinhoso desse menino.

Ajudar uma pessoa com uma natureza tão divina, que parece feliz por estar onde está, faz com que eu sinta uma sensação muito boa. Ele não se queixa, não discute e não sente amargura. Por que uma pessoa como Kirk chega ao mundo e instantaneamente tem um problema de saúde? Será carma? Reencarnação? Ou...?

Talvez seja um teste divino para nós, não para Kirk, pois ele está feliz com sua situação. Um teste para *você e para mim*; afinal, somos *nós* que estamos sendo desafiados pela situação dele. *Nós* é que precisamos aprender, não Kirk.

A verdade é que não sei por que coisas assim acontecem. No entanto, eu sei que quando algo aparece na minha vida, fui eu que atraí, e cabe a mim remediar essa situação. Assim sendo, estou fazendo a minha parte. Estou ajudando Kirk por meio de doações ao seu fundo de terapia, e falando a respeito dele no meu blog e nos meus livros (o Web site de Kirk é www.amazingkirk.com).

Pense na vida de Kirk e pergunte a si mesmo o que *você* tem a reclamar. Comece a sorrir também. Você tem muitos motivos para se sentir grato, não é mesmo?

Agora eu o convido a experimentar esta técnica mágica de libertação. Escreva nas linhas que se seguem ou no seu diário as coisas pelas quais se sente grato. Você pode fazer uma lista, descrever uma experiência ou citar qualquer coisa que você imaginar ou recordar.

Segundo método de libertação

Optando por modificar as suas convicções

Embora possa não parecer óbvio a princípio, as pessoas na verdade são infelizes porque querem.

– BRUCE DI MARSICO

Você vive em um universo movido por convicções. Você recebe aquilo que acredita que receberá. Mas se é assim, como mudar as suas convicções para modificar o que você recebe? Uma das ferramentas mais poderosas que já encontrei para efetivar a libertação é um simples processo chamado Opção. Ele foi criado por Bruce Di Marsico e divulgado por Barry Neil Kaufman, autor de *To Love Is to Be Happy With*. Não conheço Bruce, mas estudei com Barry. Também estudei com outros alunos de Bruce, entre eles Mandy Evans, autora de *Travelling Free*. Mandy e eu trabalhamos juntos durante mais de vinte anos. Sempre que sinto necessidade, marco uma sessão de Opção com ela. Mandy tem me ajudado a me libertar de convicções limitantes a respeito do dinheiro, da saúde e dos relacionamentos. Quando a minha mulher morreu, procurei Mandy. Quando quis que o dinheiro que eu ganhava aumentasse vertiginosamente, entrei em contato com Mandy. Quando quis perder peso, procurei Mandy.

Embora ela seja maravilhosa, a ferramenta que usa para ajudar a mim e a outras pessoas é a verdadeira dádiva. Trata-se de um simples processo de questionamento, baseado no amor. Foi criado para descobrir o motivo pelo qual somos infelizes.

Sempre que você não consegue o que quer, sente uma determinada emoção. Você pode chamá-la de raiva, frustração, pesar, depressão, tristeza, fúria ou qualquer outra coisa; todos esses termos são variações da palavra *infelicidade*.

O que Mandy faz é ajudá-lo a explorar as suas razões para se sentir assim. À medida que você reflete sobre elas, você se liberta. Uma vez livre, os milagres se tornam possíveis.

Pedi a Mandy que explicasse o método dela para vocês. Eis o que ela escreveu.

Como usar o Método da Opção para questionar a infelicidade
Mandy Evans

Você pode melhorar qualquer coisa na sua vida, desde os relacionamentos até as finanças, descobrindo as convicções ocultas que impedem seu progresso. Quando souber quais são elas, poderá questioná-las para ver se são mesmo verdadeiras.

Você pode se libertar de emoções dolorosas como o medo paralisante, a raiva ou a culpa encontrando e destruindo as convicções que dão origem a elas e as alimentam.

Em vez de ficar frustrado com a luta para modificar as circunstâncias e as situações, você pode modificar as convicções que imobilizam você.

Uma convicção limitante ou autodestrutiva causa infelicidade e impede que você conheça e siga os seus mais profundos desejos. Essas convicções deturpam cada meta que você tenta alcançar, e atingem até mesmo os sonhos que você ousa alimentar. As convicções que bloqueiam a felicidade são as mais limitantes e autodestrutivas de todas.

Entretanto, quando está livre e feliz, você faz escolhas e pratica ações que o conduzem por um caminho muito diferente daquele que você segue quando está com raiva ou com medo.

Você chega a um outro lugar depois de uma viagem extraordinária.

Eu uso o Método da Opção para ajudar as pessoas a encontrar e destruir as convicções que elas alimentam e que bloqueiam a felicidade, a criatividade e o sucesso. Um elemento-chave deste método é o Diálogo de Opção, uma espécie de entrevista sobre as suas convicções que você faz consigo mesmo.

Para começar, aceite a si mesmo exatamente como você é. Se você ficar se julgando enquanto explora os seus sentimentos e convicções, não será capaz de enxergar a verdade com clareza. Não se apresse. Descubra o máximo que puder a respeito dos seus sentimentos e convicções. Leia cada pergunta depois de responder a pergunta anterior.

É bom anotar as respostas por escrito. Se você registrá-las em um diário, poderá acompanhar o seu progresso.

Você precisa estar disposto a enfrentar uma certa confusão. À medida que as suas convicções vão mudando, a sua versão da realidade se desintegra e se transforma, o que é no mínimo desorientador! As perguntas e as respostas às vezes dão voltas. Elas só fazem sentido se você pensar nos *seus* sentimentos e nas *suas* convicções.

Eis seis perguntas básicas do Método da Opção que você pode fazer para se libertar:

1. *O que está me deixando triste?* Ou enfurecido, culpado, preocupado etc. Esta pergunta ajuda você a ser específico com relação ao seu sentimento.
2. *Por que eu estou infeliz com isso?* Os nossos motivos para nos sentirmos mal são diferentes do sentimento em si. As nossas razões são convicções.
3. *O que poderia acontecer comigo se não estivesse me sentindo infeliz com isso?* Essa pergunta, que pode parecer estranha, ajuda você a descobrir os medos e preocupações relacionados ao desaparecimento desse sentimento. Freqüentemente relutamos em nos libertar de um sentimento, mesmo que ele seja doloroso.
4. *Eu acredito nisso?*

5. *Por quê?*
6. *O que poderia acontecer se eu não acreditasse nisso? Quais são as minhas preocupações? Elas ainda parecem reais para mim?* Às vezes nos apegamos a uma convicção arraigada mesmo quando ela se revela limitante ou causa infelicidade.

Vou dar um exemplo de um Diálogo de Opção que travei comigo mesma. Foram necessárias apenas três perguntas para mudar os meus sentimentos e a minha vida. Eu já sabia que me sentia muito mal com relação às pessoas que passam fome no mundo, portanto comecei com a segunda pergunta.

Por que eu me sinto muito mal com isso?

Resposta: Ninguém parece se importar. A fome é tão desnecessária.

O que aconteceria comigo se não me sentisse mal com isso?

Resposta: Eu não faria nada para mudar essa situação.

Eu acredito nisso?

Resposta: Não! Assim que fiz a pergunta, eu percebi que quanto pior eu me sentia, menos eu fazia. Na verdade, quando eu me sentia realmente mal, não tinha vontade de pensar no assunto, e muito menos de fazer alguma coisa.

Eu me senti imediatamente melhor. Hoje sou muito mais ativa, faço muito mais doações e procuro maneiras de tornar o mundo melhor.

Se alguém me pedisse para refletir sobre tudo que aprendi na vida e oferecer um único conselho, eis o que eu diria: sempre questione a infelicidade. Nunca aceite o sentimento negativo como uma coisa natural.

A felicidade é o grande prêmio da vida, e você pode conquistá-la!
Seja feliz!
Mandy Evans
www.mandyevans.com

Eu convido você a usar o método de Mandy para se libertar de um sentimento que talvez esteja sentindo neste momento. Pense no que você quer ser, ter ou fazer. Se você ainda não conseguiu atrair todas essas coisas, como se sente a respeito disso? Pegue essa emoção e a trabalhe:

1. *O que está me deixando triste?* Ou enfurecido, culpado, preocupado etc. Esta pergunta ajuda você a ser específico com relação ao seu sentimento.

_____
_____
_____

2. *Por que eu estou infeliz com isso?* Os nossos motivos para nos sentirmos mal são diferentes do sentimento em si. As nossas razões são convicções.

_____
_____
_____

3. *O que poderia acontecer comigo se não estivesse me sentindo infeliz com isso?* Essa pergunta, que pode parecer estranha, ajuda você a descobrir os medos e preocupações relacionados ao desaparecimento desse sentimento. Freqüentemente relutamos em nos libertar de um sentimento, mesmo que ele seja doloroso.

_____
_____
_____

4. Eu acredito nisso?

_____
_____
_____

5. Por quê?

_____
_____
_____
_____
_____
_____
_____

6. *O que poderia acontecer se eu não acreditasse nisso? Quais são as minhas preocupações? Elas ainda parecem reais para mim?* Às vezes nos apegamos a uma convicção arraigada mesmo quando ela se revela limitante ou causa infelicidade.

_____
_____
_____
_____
_____
_____
_____

Agora você deve estar sentindo que foi libertado do sentimento negativo. Se não estiver completamente livre, ou se uma nova emoção vier à tona, simplesmente repita o processo. O Método da Opção é uma maneira extremamente fácil e eficaz de deixar a energia bloqueada fluir e se libertar das convicções limitantes. Quando você está livre, você usa A Chave para atrair tudo o que quiser.

Terceiro método de libertação

Esclarecendo os pensamentos

Se todos acreditassem na suposição de que o que é aceito como verdadeiro é realmente verdadeiro, não haveria quase nenhuma esperança de progresso.

— Orville Wright

Você precisa se livrar dos pensamentos ou convicções ocultas que estão atraindo o que você não quer, essa é A Chave. Em outras palavras, você pode até dizer que deseja atrair a pessoa certa, mas sempre acaba atraindo parceiros errados. Você pode dizer que quer atrair a casa perfeita, mas está sempre se mudando para lugares horríveis. Você pode afirmar que deseja atrair o emprego perfeito, mas só consegue trabalhar com pessoas que não reconhecem o seu valor.

Na verdade, você está atraindo exatamente o que espera e o que julga merecer. A idéia é modificar essa programação mental para atrair uma quantidade maior do que você quer.

Descobri que utilizando as ferramentas adequadas, você pode desenterrar as convicções ocultas que operam na sua vida. Essas convicções são inconscientes, mas você pode trazê-las à tona com o método certo. Uma ferramenta poderosa e comprovadamente capaz de ajudá-lo a esclarecer os seus próprios pensamentos vem da psicologia cognitiva.

Pedi para a dra. Larina Kase me ajudar a explicar como ela funciona. Larina e eu somos co-autores do livro eletrônico *How to End Self-Sabotage for Aspiring E-Book Authors* (www.endselfsabotage.com). Aqui está um texto exclusivo de Larina, escrito especialmente para esse livro.

Cinco passos para libertar-se por meio da terapia cognitiva

Dra. Larina Kase

A terapia cognitiva, desenvolvida pelo dr. Aaron Beck, está amparada por quatro décadas de pesquisas e é uma maneira poderosa de você se livrar de todas as suas convicções limitantes. Os componentes da terapia cognitiva são os pensamentos, sentimentos, comportamentos e reações biológicas. Eles interagem para determinar o seu ânimo e as suas ações. Vou ensinar cinco passos simples para que você use a terapia cognitiva para se libertar.

Em primeiro lugar, identifique os seus pensamentos invasivos, perturbadores ou destrutivos. Registre-os por escrito. Este processo é semelhante a caçar borboletas com uma rede. Os pensamentos são rápidos e efêmeros, e normalmente não temos consciência deles. Ao identificar os seus pensamentos, você expande sua consciência e passa a ser capaz de trabalhar para modificá-los. Se você acha difícil identificar os seus pensamentos, preste bastante atenção às mudanças no seu ânimo. Assim que perceber uma mudança, pergunte a si mesmo: "O que estava passando pela minha cabeça?" Você identificará um pensamento poderoso e poderá trabalhar a partir disso.

Em segundo lugar, analise os seus pensamentos como um júri imparcial avaliaria as provas em um processo. Em vez de partir do princípio de que os seus pensamentos são verdadeiros, reúna elementos para avaliar a validade deles. Pegue uma folha de papel e divida-a em três colunas. Na primeira, escreva "Pensamento emocional". Na segunda coluna, escreva "Indícios de que este pensamento é verdadeiro", e na terceira, escreva "Indícios de que este pensamento não é verdadeiro". Preencha as colunas com dados que confirmem ou desmintam a validade de seu pensamento emocional. É como examinar a borboleta que você pegou com curiosidade e sem fazer julgamentos.

Terceiro, realize algumas experiências comportamentais para testar mais a fundo a validade do pensamento. Se, por exemplo, o seu pensamento foi: "Sempre digo alguma bobagem quando falo em público", avalie a verdade disso falando em público várias vezes. Você realmente disse sempre alguma bobagem? Este passo também o ajuda a adquirir prática com as coisas que você teme, e elas se tornam cada vez mais fáceis conforme a sua confiança aumenta e o resultado que você temia não acontece.

Quarto, julgue o quanto o seu pensamento é verdadeiro baseado nos indícios que reuniu e nos resultados das suas experiências comportamentais. Examine quantas vezes aquilo que você receava aconteceu. Você perceberá que a sua idéia perturbadora provavelmente não se tornou realidade. Caso ela tenha se realizado, pergunte a si mesmo como lidará com esse fato de agora em diante. Você constatará que é uma pessoa engenhosa e que pode lidar com qualquer situação, por mais difícil que seja.

Em quinto e último lugar, compreenda que os seus pensamentos perturbadores ou limitantes não são necessários. Eles não estão ajudando você. Mas esses pensamentos também são incapazes de feri-lo, portanto não resista a eles. Lembre-se de que quanto mais relutante você se mostrar com relação a alguma coisa, maior a probabilidade de que ela aconteça. Se você tentar reprimir um pensamento, ele insistirá em voltar como uma daquelas músicas que ficam repetindo na sua cabeça. Não se agarre aos pensamentos perturbadores, mas tampouco os afaste. Se eles voltarem no futuro, simplesmente deixe-os irem embora por si mesmos. Solte as borboletas. Você agora está livre.

No espaço que se segue, ou no seu diário, use o método de Larina. Ele poderá ajudá-lo a resolver seus problemas particulares:

_____
_____
_____
_____

Quarto método de libertação

Histórias hipnóticas

Existe algo que você sabe, mas que não sabe que sabe. Assim que você descobre aquilo que você já sabe, mas não sabe, você sabe que pode começar.

– MILTON H. ERICKSON

Uma das ferramentas de libertação mais poderosas que existem é tão simples quanto o que você está fazendo neste momento: ler. Ler livros que expandam a sua mente pode ajudá-lo a se livrar das convicções limitantes. Livros como *O segredo*, de Rhonda Byrne, o clássico *The Magic of Believing*, de Claude Bristol, *O lado sombrio dos buscadores da luz*, de Debbie Ford, *A lei universal da atração*, de Jerry e Esther Hicks, *Os princípios do sucesso*, de Jack Canfield, ou mesmo os meus livros *Zero Limits* e *The Attractor Factor* podem ajudá-lo a entender que você pode viver uma realidade diferente.

Os livros ajudam no seu processo de libertação em parte por causa das informações que eles contêm. Eles o ensinam a acreditar em milagres. Mas esses livros também atuam no seu inconsciente, transmitindo uma mensagem de esperança e novas possibilidades.

No fundo, isso é o que eu chamo de método hipnótico de escrita. Escrevi a respeito deste assunto em outros livros, como *Hypnotic Writing* e *Buying Trances*. Como sou hipnoterapeuta, sei da capacidade que uma boa história tem de entrar na sua mente e modificar as suas convicções. Isso acontece naturalmente e sem esforço. Tudo que você tem que fazer é relaxar e ler.

Um dos hipnoterapeutas mais qualificados do mundo é Mark Ryan. Criamos juntos uma série de DVDs repletos de histórias que modificam a sua realidade a partir do interior enquanto você assiste a elas (para ler mais a respeito dos DVDs entre em www.subliminalmanifestation.com). Pedi a Mark que escrevesse uma história hipnótica especialmente para esse livro. Repito, você só precisa lê-la. Não precisa pensar. Não precisa fazer anotações. Não precisa fazer nada; basta ler.

O supersegredo da libertação
Mark J. Ryan

Segredo: comece a partir das suas atuais convicções.

Tive muitos carros na vida, a maioria usados. Reparei, depois de comprar vários carros diferentes, que eles inevitavelmente davam problemas. Eu consertava os problemas, usava o carro durante o máximo de tempo possível, vendia-o pelo valor que conseguia e em seguida comprava outro.

Eu sabia quando um grande reparo seria necessário, e me preparava para vender o carro, pois muitos anos antes eu havia sido mecânico. Em uma determinada ocasião, tive um carro que tinha muitos quilômetros rodados e estava a ponto de vendê-lo. O carro começou a apresentar uma quantidade exagerada de defeitos, quase como se soubesse que eu pretendia vendê-lo. Eu não queria realmente resolver os problemas, e comecei a pensar na possibilidade de vender o carro por um valor ainda menor do que eu havia planejado. No entanto, certo dia ouvi uma vozinha suave me dizer que eu precisava consertar os defeitos em vez de passar adiante os meus problemas para o próximo comprador.

Será que eu devia investir em mudar a dinâmica do fluxo no Universo? Quanto valeria isso?

Eu sabia que naquele momento perderia dinheiro com o negócio. Seria uma perda financeira para mim, mas, por outro lado, seria um investimento nos meus semelhantes e no Universo.

Decidi aceitar o desafio... e investir.

Acabei gastando cerca de mil dólares em reparos e pneus novos para um carro que eu estava vendendo pelos mesmos mil dólares. Quando o comprador quis fechar o negócio, surgiu um vazamento no tanque de gasolina, um vazamento bem grande por sinal.

Mostrei o vazamento para ele e disse que o consertaria, mas ele queria o carro naquele momento, por isso baixei o preço para 750 dólares. O comprador ficou muito feliz com o negócio, especialmente depois de ver os recibos dos recentes reparos que eu tinha feito.

Fique com esta história na cabeça enquanto conto outra.

Descobri uma maneira incrível de me libertar prestando atenção a essa vozinha suave dentro de mim, como fiz no caso da venda do carro.

Tinha 14 anos que eu estava morando em uma casa que pertencia à minha família há mais de cem anos.

E eu queria sair de lá.

Eu adorava a casa por causa das recordações maravilhosas que ela me trazia dos tempos em que minha avó morava nela. Mas além de problemas estruturais, a casa tinha muitos outros problemas menores que precisavam ser resolvidos. Eu não tinha vontade de lidar com nada disso.

Comecei a me concentrar em mudar para a Califórnia. Eu queria fugir dos longos invernos do norte do estado de Nova York, bem como dos problemas da casa. Fui muitas vezes à Califórnia a negócios e de férias, mas por alguma razão eu acabava não me mudando para lá.

Certo dia, quando eu estava deitado na cama, no segundo andar, sentindo o peso enorme daqueles problemas, aquela vozinha suave me perguntou o que eu faria na casa se tivesse que permanecer nela por mais tempo. Não se tratava de tornar a casa mais agradável para a próxima pessoa que fosse morar nela, mas sim de melhorar o ambiente para a pessoa que morava lá naquele momento, ou seja, *eu*!

Fiquei com essa idéia na cabeça durante algum tempo. Eu evitava pensar no assunto, com medo de ficar tão entusiasmado com aquelas melhorias a ponto de atrair minha permanência em um lugar onde eu não queria mais morar.

Parecia um paradoxo, mas eu entendi que se realmente desejava a casa dos meus sonhos na Califórnia, eu precisava saber como era estar no presente, gostar do que eu tinha naquele momento e descobrir o que seria necessário fazer para que eu fosse feliz ali. Eu precisava ser feliz naquele lugar e naquele momento, do jeito que estava, morando onde morava.

Muitos de nós nos concentramos no que *não* queremos. Pedimos que uma coisa seja eliminada; pedimos que algo nos afaste dos nossos problemas atuais, porque estamos procurando uma saída.

É claro que o Universo sabe que não é isso que queremos. Ele sabe que estamos fugindo de alguma coisa e não criando algo novo. Não estamos atraindo as coisas a partir de um estado de completa liberdade.

A idéia da fuga só faz criar uma nova situação da qual também iremos querer fugir.

Já a idéia de estar num lugar que amamos, em uma situação com a qual estamos totalmente satisfeitos no presente, atrai mais lugares que amamos. E isso, por sua vez, cria uma nova realidade com uma quantidade ainda maior dessas qualidades.

Assim sendo, em uma folha de papel amarela, pautada, escrevi uma lista de sete coisas que fariam com que eu me sentisse em paz e efetivamente gostasse novamente da casa em que estava morando. (Quem sabe a própria casa não estava tentando me convencer a dar-lhe as coisas que ela queria antes de me deixar partir?)

Senti algo dentro de mim se abrir quando comecei a escrever a lista, uma coisa muito luminosa e brilhante, e pude efetivamente apreciar a casa onde eu morava. O que antes estava fechado, era duro e me fazia sentir vontade de fugir estava agora se abrindo. A minha mente e o meu peito se abriram para um novo sentimento e passei a amar aquela casa no momento presente.

Quanto mais eu me concentrava naquele sentimento, mais eu sentia a abertura. Eu estava tendo idéias de como resolver problemas que não sabia antes como consertar, como o telhado da parte de trás da casa.

Essas pequenas inspirações relacionadas aos problemas do lugar onde eu estava, e não à grande meta da casa dos meus sonhos na Califórnia, estavam me conduzindo ao meu objetivo mais amplo.

Um ano depois, encontrei aquela longa folha pautada de papel amarelo. Eu fiquei curioso para ver o que tinha escrito nela. Constatei que cada uma das sete metas tinha se concretizado. O mais incrível foi que parecia que elas haviam se realizado sem esforço. Sempre que eu precisei de ajuda para resolver um problema, a pessoa certa aparecia para ajudar-me.

A varanda da frente precisava ser lixada e pintada. Certo dia, um entregador me perguntou:

– Ryan, quando você vai pintar a varanda?

Respondi:

– Quando encontrar alguém para fazer o serviço.

O rapaz se ofereceu para fazer isso por cinqüenta dólares se eu comprasse a tinta. Aquilo já resolvia um problema! Ele também pintou a garagem e o galpão por 250 dólares, o que foi uma grande pechincha!

Outro dia, um amigo passou lá em casa e notou que as telhas do meu telhado precisavam ser recolocadas, outro item da minha lista. Ele apresentou um orçamento. Era mais do que eu tinha, mas um parente me emprestou um dinheiro e pude começar a cuidar disso também.

Enquanto estava retirando as telhas, o meu amigo descobriu o verdadeiro problema na parte de trás da casa: os cupins haviam destruído as vigas e a umidade estava invadindo a casa, criando um mofo escuro. Tivemos que agir rápido, demolindo e reconstruindo a parte de trás da casa.

Uma vez mais, eu não tinha o dinheiro. No entanto, graças ao orçamento que ele fizera, que era a metade do que qualquer outra pessoa teria cobrado, foi possível realizar o serviço.

Enquanto o meu amigo explicava como faria o conserto, ele disse que pretendia tornar a área ainda melhor do que era antes.

Ouvi, perplexo, ele descrever, quase palavra por palavra, a imagem que se formara na minha *própria* mente quase um ano antes. Eu soube então exatamente o motivo pelo qual ele estava ali.

O meu amigo na verdade acabou me dizendo que sentia como se tivesse sido enviado para me ajudar. Ele percebia que eu estava acertando as contas com o passado e abrindo caminho para o futuro. Ele sabia que ao me ajudar estava também beneficiando a si mesmo.

A remoção do mofo oculto na parte de trás da casa produziu outros efeitos benéficos. Depois de passar dois anos ficando sempre doente, comecei a me sentir melhor. O Universo sabia o que era preciso e proporcionou a cura quando comecei a agir.

Enquanto lia a lista que tinha escrito no papel amarelo, eu entendi qual era o segredo. Eu vi que tinha mudado a minha maneira de agir.

A casa está com um aspecto diferente e transmite uma outra sensação. Os meus vizinhos sempre comentam a melhora.

Um grande amigo meu talvez se mude para Hollywood para apresentar um programa na televisão. Ele perguntou se eu estaria interessado em me mudar para lá se ele fosse para Los Angeles. Você pode adivinhar qual foi a minha resposta.

A minha namorada quer se mudar para um lugar ensolarado. Ela fez um acordo com o pai do seu filho para morar em uma cidade onde ambos pudessem estar envolvidos na criação do menino. Eles estavam tentando encontrar esse lugar há meses. Todos os lugares da lista da minha namorada encontravam resistência da parte dele. Ontem ele disse para ela que tinha vontade de se mudar para a Califórnia. Quando ela perguntou onde na Califórnia, ele respondeu que tinha o estranho desejo de morar na região ao sul de San Francisco; é exatamente a área para onde eu tenho vontade de me mudar. A minha namorada nunca falou com ele sobre as nossas conversas e achou incrível o fato de ele se sentir atraído pelo mesmo lugar que eu.

A Califórnia está chamando!

Então aqui está O Segredo: tudo que você precisa para se libertar já está presente na sua realidade neste exato momento!

O que é preciso para que você seja feliz aqui e agora, bem no lugar onde você está sentado? Solte as rédeas da sua imaginação. O que você pode fazer para tornar a sua realidade o melhor possível? O que você pode fazer para melhorar as coisas que você tem agora – seja um carro, uma casa, um emprego ou um lugar na fila do banco – em benefício dos outros? E, o que é mais importante, o que você pode fazer para tornar as coisas melhores *para si mesmo*?

Um último pensamento: quando você deixar de pensar no seu sonho dourado para se dedicar à arrumação da sua realidade, *lembre-se de que o Universo sabe o que você quer de verdade*. Quando abandonei o meu sonho de morar na Califórnia para me concentrar em criar um ambiente melhor na casa que eu já tinha, passei a ver com muito mais transparência o que eu queria na Califórnia e como realmente queria *me sentir* quando estivesse lá.

Em vez de alimentar o meu sonho como uma fuga, passei a amar a minha realidade atual. E ao amar, estou criando uma realidade que produzirá ainda mais amor. O verdadeiro sonho não existe sem o amor.

Em vez de empurrar um carro problemático para um comprador inocente, que não desconfiava de nada, consertei os problemas e criei um carro que me sentiria bem vendendo para outra pessoa. Ao fazer melhorias naquele carro a partir do amor, criei uma abertura para um carro que amarei atrair para a minha vida.

Cultive o amor na sua realidade atual. Procure ser muito claro a respeito de como expressar esse amor da maneira certa. Em seguida, o seu maior sonho se tornará realidade *por si mesmo*.

A história de Mark Ryan é poderosa. Enquanto você deixa que ela repouse no seu inconsciente, vou contar uma breve história pessoal:

Mark veio me visitar por alguns dias em abril de 2007. Tivemos conversas divertidas sobre vários assuntos. Nós dois apreciamos o que descobrimos quando compartilhamos as nossas histórias, freqüentemente fumando um charuto ou bebendo uísque.

Certo dia, Mark e eu fomos visitar alguns amigos. Nenhum dos dois conhecia bem o caminho que estávamos seguindo. Mark riu e perguntou:

– Você assistiu àquele episódio de *Jornada nas estrelas*, quando perguntam a Jean-Luc Picard que rumo deveriam tomar quando estavam perdidos em um planeta desconhecido?

– Não – respondi. – Mas adoro *Jornada nas estrelas*. O que aconteceu depois?

– Jean-Luc diz que eles devem subir a montanha e virar à esquerda.

– E aí?

– Bem, a mulher que está com ele é capaz de ler a sua mente, e pergunta: 'Você não tem a menor idéia de onde estamos, tem?'

Eu ri enquanto Mark prosseguia.

– Jean-Luc responde que ele é o capitão e precisa dar a impressão de estar confiante, mesmo quando isso não é verdade.

Adorei a história. No restante do dia, passei a tomar decisões rápidas e confiantes, mesmo quando eu não tinha a menor idéia do que viria a seguir ou do que eu estava fazendo. Assumir esse papel tornou-me muito mais poderoso e o meu dia muito mais interessante.

Quando Mark recebeu um telefonema dos nossos amigos perguntando a que horas chegaríamos, eu disse a Mark:

– Nós estaremos lá às 18:23.

Eu não tinha como saber a que horas chegaríamos. No entanto, ao agir como se soubesse, senti um controle maior sobre a realidade. Na verdade, a minha vida tornou-se uma grandiosa aventura, e eu o capitão da minha nave.

E sim, nós nos encontramos com os nossos amigos bem mais cedo do que o esperado. Achamos o caminho. O tráfego estava livre. E chegamos antes da hora que eles nos esperavam, bem próximo das 18:23.

Quinto método de libertação

Eu te amo

Somos a soma das nossas experiências, isso é, somos oprimidos pelo passado. Quando nos sentimos estressados ou temerosos, se examinarmos com atenção, perceberemos que a causa é na verdade uma memória.

– MORRNAH SIMEONA

Há três anos ouvi falar em um terapeuta havaiano que ajudou a curar vários criminosos que sofriam com problemas mentais – e isso sem receber nenhum deles no seu consultório. Mais tarde eu o conheci, estudei com ele e juntos escrevemos um livro chamado *Zero Limits*. O método dele é uma ferramenta poderosa para eliminar todas as convicções limitantes. E é tão fácil quanto pronunciar três palavras.

O dr. Ihaleakala Hew Len me ensinou que o simples fato de dizermos "Eu te amo" para o Divino (ou Deus, a Vida, o Tao, ou qualquer nome que você queira atribuir a esse superpoder dentro do qual todos estamos e do qual emanamos) pode iniciar um processo de cura. Este método de prece ou súplica vem de uma linha espiritual havaiana chamada *ho'oponopono*. Não vou relatar aqui o método em detalhes, pois o livro *Zero Limits* foi escrito justamente com esse objetivo. No entanto, vou explicá-lo brevemente para que você também possa utilizá-lo.

A suposição básica é que toda ação que você pratica provém da inspiração ou da memória. A inspiração é um sinal direto do Divino. A memória é uma programação que existe no seu subconsciente. Todas as pessoas agem praticamente o tempo todo em função da memória. A idéia é purificar essas memórias para que você possa agir a partir das inspirações divinas.

Em outras palavras, é bastante provável que a maneira como você reage às palavras deste livro seja uma conseqüência das suas memórias. Se você não concorda comigo, é porque você tem na mente uma antiga programação que não está em harmonia com o que estou dizendo. Se você concorda comigo, talvez seja porque você tem uma antiga programação que está em sintonia com o que estou dizendo. Em ambos os casos, você não tem muita objetividade e clareza, porque existe uma barreira no caminho. Essa barreira é a memória. Para superar esse obstáculo, você precisa dizer "Eu te amo".

De acordo com o dr. Hew Len, dizer simplesmente "Eu te amo" para o Divino dá início a um processo de libertação ou purificação. As palavras mexem com os seus sentimentos. Essas mesmas palavras são ouvidas pelo Divino, que em seguida envia um sinal para purificar as memórias que impedem que você esteja aqui, neste momento, com total clareza e consciência.

Se você está ouvindo este conceito pela primeira vez, talvez ele não faça muito sentido. Isso se deve ao fato de que você tem uma memória que está em conflito com o que estou compartilhando aqui com você. O seu modelo de mundo talvez não combine com este novo modelo. Se você estiver sentindo essa confusão agora, simplesmente diga novamente "Eu te amo" para o Divino (repito, seja lá o que isso signifique para você).

Agora mesmo, eu estou dizendo "Eu te amo" enquanto escrevo estas palavras.

O método do dr. Hew Len envolve a purificação de todas as memórias e de toda a negatividade a fim de provocar uma mudança em si mesmo e também nos outros. Parece estranho, mas quando você cuida dos seus problemas, as dificuldades das outras pessoas também desaparecem.

A idéia é afastar os problemas usando como arma o amor. Você faz isso dizendo "Eu te amo" sem parar. Você também pode fazer outras declarações ("Desculpe", "Por favor, me perdoe" e "Obrigado"), mas as três palavrinhas da frase "Eu te amo" são, com certeza, tudo de que você precisa. Venho utilizando esse método há três anos, e a minha vida é impressionante. Vivo em um estado de felicidade quase constante.

Quando aprendi o método, comecei a usá-lo em todos os momentos – nos engarrafamentos, no telefone, durante as palestras, na jacuzzi, enquanto fumava um charuto, caminhava, esperava nas filas, sentia dor, pensava no passado, e assim por diante. Raramente pronunciava as três palavras em voz alta, preferia dizê-las mentalmente, em silêncio. "Eu te amo" tornou-se a nova voz da minha mente. Parei de me preocupar com as coisas e passei a admirar a vida.

Como além de ser um especialista em metafísica também sou um empresário, quis descobrir se esse estranho método também funcionaria para aumentar as vendas e ajudar a atingir outros resultados positivos. Sempre que escrevia um texto promocional ou uma carta de mala-direta eu enviava amor junto com ela. Sempre que escrevia um livro, como o *Zero Limits* e também este que você está lendo, eu ficava repetindo mentalmente "Eu te amo".

Constatei que os meus e-mails e textos estavam sendo lidos e distribuídos para milhões de pessoas. O meu livro *Zero Limits* tornou-se um sucesso na Amazon – seis meses *antes* de ser publicado. Um número tão grande de pessoas o encomendou com antecedência que ele entrou para a lista de best-sellers.

Mas meus testes não pararam por aí.

Como eu queria ter certeza de que o método funcionava para os outros e não apenas para mim, ensinei-o aos meus amigos mais próximos. Bill Hibbler, que escreveu *Meet and Grow Rich* em parceria comigo, mostrou-se cético a princípio. No entanto, pegou emprestado um exemplar da primeira versão de *Zero Limits* antes do livro ser publicado. Depois de ler, começou a amar os seus produtos e a sua lista de assinantes. Eis o depoimento dele:

"As vendas do período de 1 a 4 de janeiro foram 41,39 % maiores do que no período de 1 a 4 de dezembro. Durante esse intervalo de quatro dias em janeiro, não enviei nada para os assinantes da minha lista e nem lancei nenhuma promoção nova. Tudo que fiz foi me purificar enquanto lia o seu livro e também no resto do dia."

Bill disse ainda que viu as suas vendas aumentarem a partir de sites como http://create-ultimate-ebooks.com/ – que ele *não estava* promovendo.

Como isso é possível?

Como a purificação por meio de um mantra como "Eu te amo" pode fazer diferença nas vendas?

Parece que não há nada lá fora. O mundo inteiro é uma projeção do que sentimos interiormente. Assim, se você sentir amor, atrairá amor. Como o amor contém gratidão, você atrairá mais coisas pelas quais poderá se sentir grato. Essa é a essência do meu livro *The Attractor Factor,* e, é claro, do filme *O segredo.* Você atrai o que você sente.

É isso aí.

No fundo, acho que as pessoas só desejam amor. Bem, é isso que todo mundo quer. Quando você diz "Eu te amo" interiormente, você se purifica e irradia uma energia que os outros conseguem sentir. O resultado: mais vendas.

Ainda está cético?

Pense nisso da seguinte maneira:

Mesmo que este método pareça totalmente maluco, que mal pode fazer dizer mentalmente "Eu te amo" enquanto dá telefonemas, redige e-mails, faz apresentações e executa as tarefas do seu dia-a-dia? No mínimo, você se sentirá melhor.
Experimente para ver.
Aliás, "Eu te amo".

Vou dar um exemplo de como o processo funciona:
Quando descobri que eu tinha nodos linfáticos intumescidos no peito que poderiam ser potencialmente cancerosos, entrei inicialmente em pânico. O especialista em câncer com quem me consultei pintou um quadro bastante sombrio. Ele queria fazer imediatamente uma biópsia, sem sequer me descrever o possível dano a longo prazo que uma coisa assim poderia causar. Mencionei anteriormente neste livro que procurei a ajuda de amigos, curadores e outras pessoas. Eles ofereceram sugestões e agi em função de muitas delas. Mas também pratiquei o método de purificação "Eu te amo".

Um dia, quando estava em casa, fiquei deitado na cama, repetindo mentalmente "Eu te amo" para o Divino, e tive de repente uma inspiração. Percebi que esse problema de saúde era uma dádiva. Mas sendo assim, o que ele estava me proporcionando? Muitas pessoas dizem que o câncer ou outro susto relacionado com a saúde acabou despertando-as ou fortalecendo-as. Eu me perguntei se a minha doença também traria uma lição para mim.

Enquanto repetia mentalmente "Eu te amo", comecei a visualizar os nodos intumescidos no meu peito. Eu já tinha visto as imagens da tomografia, por isso sabia que aparência os nodos tinham. Enquanto os observava na imaginação, comecei a conversar com eles. Perguntei: "O que vocês querem que eu aprenda?" e "O que vocês estão querendo me dizer?"

Quase instantaneamente vi a imagem da minha falecida esposa. Ela havia morrido três anos antes. Fomos casados durante mais de vinte anos e ela era a minha melhor amiga. Enquanto pensava nela, vi a imagem, e disse "Eu te amo". Comecei a me sentir triste. Quando ela morreu, chorei diariamente durante um ano. Depois, passei a chorar de vez em quando, e pouco a pouco parei de chorar. Mas eu ainda sentia falta dela.

Comecei a sentir que os nodos intumescidos eram um símbolo de que eu estava me agarrando a ela. As imagens dos nodos no vídeo pareciam uma minúscula criatura agarrando-se ao interior do meu corpo. Parecia uma sólida metáfora do que ainda estava na minha mente. Eu não me libertara totalmente da minha mulher. Parte de mim ainda estava agarrada a ela.

Continuei repetindo mentalmente "Eu te amo". Enquanto eu fazia isso, outras frases vieram à tona, como "Desculpe" e "Por favor, me perdoe". À medida que eu continuava o processo, vi as imagens dos nodos ficarem cada vez menores e finalmente desaparecerem.

Depois de praticar esse método de purificação por mais ou menos vinte minutos, eu me senti livre. Embora ainda não pudesse provar que os nodos intumescidos haviam desaparecido, interiormente eu sabia que era o que tinha acontecido. Eu os amara, ouvira a mensagem deles, e os libertara. E posteriormente, quando fiz a ressonância magnética, os nodos se revelaram inofensivos.

Outro dia, conheci um professor em San Antonio que trabalha com crianças que têm necessidades especiais. Ele leu *Zero Limits* e começou a praticar o método "Eu te amo". Ele me disse que um dos seus alunos era quase catatônico. A criança simplesmente ficava contemplando o vazio, babando, e não reagia a nada.

Em vez de trabalhar com a criança, o professor decidiu trabalhar consigo mesmo. Sentou-se na sala de aula e ficou repetindo "Eu te amo" em silêncio, enquanto pensava no menino. Fez isso durante vários minutos.

Em seguida, aproximou-se do aluno e perguntou se ele gostaria de trabalhar em um problema de matemática. Para assombro do professor, o menino olhou para ele e respondeu: "Sim, vou tentar isso agora."

O aluno passou os trinta minutos seguintes trabalhando. Segundo o professor, esse foi um progresso inusitado que ele atribuiu a esse método de purificação. Em vez de mudar o aluno, o que significa tentar mudar o exterior, o professor trabalhou em si mesmo. Quando fez isso, o menino mudou.

Esses são os milagres deste método.

Pense em alguma coisa ou alguém que esteja deixando você frustrado neste momento. Pode ser um problema de saúde. Pode ser um colega de trabalho com quem você não se dá bem. Não importa o que seja. Escolha uma coisa, qualquer coisa, para praticar este exercício.

Enquanto pensa nessa coisa ou nessa pessoa, comece a repetir mentalmente "Eu te amo". Você pode dirigir a declaração para o Divino. Quer você acredite que está funcionando, quer não, confie no processo e prossiga. Tudo que você precisa fazer é repetir "Eu te amo". Enquanto estiver fazendo isso, você começará a sentir amor, e começará a transformar a coisa ou a pessoa em questão.

Lembre-se de que ninguém precisa saber o que você está fazendo. Como o dr. Hew Len diria, não existe nenhum "lá fora". Está tudo dentro de você. Tudo consiste no seu relacionamento com o Divino. E tudo que você precisa fazer para purificar esse relacionamento é dizer três palavrinhas.

Faça isso agora e em seguida relate a sua experiência aqui ou no seu diário:

Sexto método de libertação

Rompendo os bloqueios de energia

A causa de todas as emoções negativas é um distúrbio no sistema de energia do corpo.

— GARY CRAIG

Anos atrás eu costumava ter ataques de pânico. Eles eram inesperados e desagradáveis. Antes de saber que eu os estava criando por razões inconscientes, lutei para descobrir maneiras de eliminá-los. Uma das melhores ferramentas que usei para me libertar desse problema era tão simples que me pareceu impossível. Roger Callahan ensinou-me como esse método funcionava. Ele é conhecido como Terapia do Campo do Pensamento (TFT, na sigla em inglês). Um dos primeiros produtos que Roger criou foi um conjunto de fitas de áudio e vídeo chamado *Eliminate Fear of Public Speaking*, que ensinava as pessoas a perderem o medo de falar em público. Seu método envolvia golpear de leve, com os dedos, partes do rosto, do peito e dos braços. Enquanto aplicavam esses golpes, as pessoas deveriam repetir algumas frases. Embora eu na verdade não acreditasse muito no método (mas certamente tivesse esperanças de que ele funcionasse), o experimentei mesmo assim. Para o meu assombro, *funcionou*. E ainda funciona. Todas as vezes.

Comecei a estudar a Terapia do Campo do Pensamento, e, em seguida, os métodos que surgiram a partir dela, como as Técnicas de Libertação Emocional (EFT, na sigla em inglês). Existem hoje em dia centenas de professores de EFT, e milhares de pessoas que praticam esse método. Uma delas é Brad Yates.

Brad e eu criamos um seminário chamado Money Beyond Belief (www.moneybeyondbelief.com). Ele ensina as pessoas a usar essa técnica tão simples de aplicar leves golpes com os dedos para superar as convicções inconscientes relacionadas com o dinheiro. Ele também foi um dos convidados que chamei para o meu seminário sobre como atrair um carro novo (www.atrractanewcar.com). Brad ajudou as pessoas a libertarem-se das suas limitações internas para que fossem receptivas a um carro novo e o atraíssem para as suas vidas. Como Brad é um mestre de EFT, pedi para ele explicar como utilizar esse método para romper qualquer tipo de bloqueio. Eis o que ele tem a dizer:

Libertando-se com a EFT
Brad Yates

www.bradyates.net

Uma parte freqüentemente negligenciada no processo de manifestação dos desejos é a libertação. Quase todos os ensinamentos sobre a Lei da Atração nos dizem para concentrar-nos no que realmente queremos, entrar em contato com os sentimentos positivos e depois deixar de pensar no assunto e esperar tudo se manifestar.

Muitas pessoas esperam e observam, e ficam cada vez mais frustradas à medida que *nada* se manifesta.

O problema é que de 80% a 90% do nosso processo de pensamento é inconsciente. Assim sendo, embora ocasionalmente possamos concentrar a energia positiva naquilo que queremos, julgando que as nossas vibrações estão realmente em harmonia com o que desejamos, na maioria das vezes predominam os nossos pensamentos e sentimentos interiores a respeito do que podemos ou devemos ter. Se você quiser saber o que seus sentimentos interiores estão atraindo, dê uma olhada a sua volta e examine o que você tem. Se não estiver cercado pelo que afirma desejar, então, na maioria das vezes, as suas vibrações não estão em sintonia com o que você diz que deseja.

A boa notícia é que isso não significa que a Lei da Atração não funcione para você. Ela está sempre funcionando. Significa apenas que você tem convicções conflitantes a respeito do que deseja, e é possível se libertar dessas convicções.

Existem muitos métodos para se fazer isso. No programa da Oprah sobre *O segredo,* Jack Canfield mencionou alguns deles, inclusive as Técnicas de Libertação Emocional (EFT), que são a minha ferramenta preferida. Elas são usadas para livrar você de sentimentos desagradáveis, tanto emocionais quanto físicos. É um método simples, eficaz e geralmente muito rápido, e funciona no nível da conexão mente-corpo. E o melhor de tudo é que você pode facilmente praticar o método sozinho. Um número cada vez maior de pessoas está começando a considerar a EFT uma ferramenta inestimável para ativar a Lei da Atração de uma maneira mais consciente, livre dos conflitos inconscientes.

A EFT baseia-se na antiga medicina chinesa. Ela utiliza os meridianos, ou seja, os mesmos fluxos de energia usados na acupuntura. As emoções negativas, que nos impedem de atrair o que conscientemente desejamos, são causadas por distúrbios nesse sistema de energia. Ao golpear levemente pontos-chaves, equilibramos a energia e rompemos os bloqueios. A EFT também é a ferramenta de redução do estresse mais fácil que já encontrei.

A abundância do Universo é ilimitada – você pode ter qualquer coisa que desejar. Se você não tem as coisas que deseja, é porque está resistindo a elas. As razões mais comuns para resistirmos às coisas que desejamos são recear que elas não sejam seguras para nós ou achar que não as merecemos. Com freqüência, ocorre uma combinação desses dois fatores.

Eis algumas sugestões para que você comece a usar a EFT para se libertar dessas convicções limitantes. Você simplesmente vai usar dois dedos para golpear levemente certos pontos nos quais os meridianos são estimulados com mais eficácia. Primeiro golpeie a lateral da sua outra mão, naquele ponto em que os lutadores de caratê usam para quebrar tijolos. Em seguida, golpeie os seguintes pontos:

- O início da sobrancelha.
- A lateral do olho.
- Logo abaixo do olho.
- Logo abaixo do nariz.
- Logo abaixo da boca (no alto do queixo).
- O ponto exato onde as clavículas se juntam.
- Dez centímetros abaixo da axila.
- O alto da cabeça.

Para obter mais informações sobre como usar a EFT, ver um diagrama explicativo e ouvir instruções em áudio, visite o site www.bradyates.net e clique em "EFT".

Comece fechando os olhos, inspirando profundamente, e perguntando a si mesmo: "Eu posso ter _____ (seja qual for a coisa que você queira atrair – um carro novo, uma casa etc.)?" Repare no sentimento de resistência que surge no seu corpo e nos seus pensamentos. Avalie essa resistência em uma escala de 0 a 10.

Golpeie levemente o primeiro ponto, a lateral da sua mão, e diga: "Embora eu sinta que não posso ter isso, eu amo e aceito a mim mesmo completa e profundamente."

Em seguida, golpeie de leve os outros pontos, dizendo: "Eu não posso ter isso."

Inspire profundamente e verifique interiormente se a resistência diminuiu. Continue repetindo a frase até se sentir aliviado.

Agora, avalie em uma escala de 0 a 10 o quanto você acredita que merece ter o que deseja, e faça o mesmo exercício só que dessa vez declarando: "Embora eu sinta que não mereço ter isso, eu amo e aceito a mim mesmo completa e profundamente."

Você talvez esteja se perguntando: "Por que eu diria isso? Devo concentrar-me apenas nos pensamentos positivos!"

Vou lhe fazer uma pergunta então: se você derramasse alguma coisa no chão, seria sensato não dar atenção a esse fato e concentrar-se apenas nos lugares onde o chão está limpo? Você pode realmente expulsar a bagunça da sua mente sem encará-la de frente? O ponto é exatamente: limpe a bagunça, expulse-a e sinta a liberdade de poder movimentar-se de um lado para o outro sem precisar fingir que uma coisa não está presente.

Quando você se liberta das convicções limitantes, as suas vibrações passam a ficar em harmonia com o que você verdadeiramente deseja mesmo quando não está se concentrando nisso, o que, naturalmente, acontece na maior parte do tempo.

Uma última coisa: a EFT também pode ser uma ferramenta de libertação muito eficaz quando usada junto com outros métodos. Eu, por exemplo, a incorporei ao *ho'oponopono*, golpeando levemente os diversos pontos e declarando: "Desculpe, por favor, me perdoe, obrigado, eu te amo." Experimente.

Para aprender mais profundamente como se libertar dos bloqueios com a EFT, consulte *Money Beyond Belief*, um programa que criei junto com Joe e que é descrito no site www.moneybeyondbelief.com. Talvez você não esteja querendo atrair mais dinheiro, mas ainda assim vale a pena dar uma olhada no site, porque os mesmos problemas que bloqueiam o dinheiro freqüentemente inibem outras coisas que você ainda não está conseguindo desfrutar. Você merece as coisas que deseja; deixe-as entrarem na sua vida.

Sétimo método de libertação

"Nevillize"

O mundo é a imaginação humana lançada para fora.

— NEVILLE GODDARD

Uma das ferramentas mais poderosas para atrair qualquer coisa que você quiser e remover qualquer obstáculo que esteja impedindo que ela chegue até você é algo que chamo de "Nevillizar". Criei o termo para homenagear Neville Goddard, um místico de Barbados que dava várias palestras e escreveu muitos livros, como *Your Faith Is Your Fortune*, *The Power of Awareness*, *Immortal Man* e *At Your Command*.

Neville acreditava que criamos a nossa realidade por meio da imaginação. Se quisermos modificar alguma coisa na nossa vida, temos que visualizar uma nova experiência. No entanto, Neville salientava logo em seguida que as imagens criadas pelo poder da imaginação não eram por si só suficientes. Duas outras coisas também são necessárias: sentir o resultado final e ter a sensação de que ele já está acontecendo.

Muitas pessoas acreditam que o que vêem mentalmente tende a se manifestar. No entanto, para acelerar esse processo da manifestação, você também precisa sentir que já alcançou a coisa desejada. Em outras palavras, ver o carro que você quer é uma coisa; imaginar a sensação de *possuí-lo* é outra bem diferente. Esta última acelera a Lei da Atração.

Em uma palestra que deu em 1969, Neville disse o seguinte:

"Se você encarar uma situação como uma coisa externa, ficará enredado nas suas sombras, pois todos que reagem a esse ato imagético são sombras. Como uma sombra pode causar resultados no seu mundo? No momento em que você confere à outra pessoa o poder de causar os resultados, você transfere para ela o poder que legitimamente pertence a você. Os outros são apenas sombras, que fazem parte das atividades que acontecem dentro de você. O mundo é um espelho que reflete eternamente o que você está fazendo interiormente."

Neville estava ensinando que o mundo exterior é simplesmente uma projeção do mundo interior. Se você mudar o interior, muda o exterior. Para atrair qualquer coisa, você precisa agir no plano interior do seu ser. Você faz isso usando a imaginação e o sentimento.

Eis um exemplo de como esse processo funciona:

Quando fui convidado a aparecer no programa de televisão *Larry King Live*, agarrei rapidamente a oportunidade. Mas confesso que também estava nervoso. Eu estava prestes a aparecer ao vivo na televisão e ser visto por milhões de pessoas. Todos os meus receios e inseguranças vieram à tona. E se eu disser alguma coisa idiota? E se eu gaguejar? E se der um branco na minha cabeça? E se eu engasgar? E se Larry não gostar de mim? E se os telespectadores não concordarem comigo?

Senti medo enquanto estava sentado no avião que me levava do Texas para Los Angeles. Mas logo compreendi que quanto mais eu imaginava e sentia as coisas que não queria, mais eu iria atraí-las para a minha realidade. Eu estaria usando a Lei da Atração para atrair o que eu não queria.

O que fazer então?

Lembrei-me de Neville. Peguei um bloco, uma caneta e comecei a descrever o programa de televisão da maneira como eu queria que acontecesse. Eu me vi na frente de Larry King e descrevi os meus sentimentos com relação a essa experiência como se ela já tivesse acontecido. Imaginei tudo do modo mais completo possível, impregnei a descrição que escrevia de energia e emoção, e comecei a sentir que ela efetivamente iria acontecer.

O processo durou apenas alguns minutos. Quando terminei, li e reli o que tinha escrito, sorrindo a cada leitura. Cheguei ao hotel, coloquei o bloco ao lado do travesseiro e olhei para ele várias vezes. Aquelas linhas me lembravam do resultado final que eu desejava. Quando eu voltava a lê-las, sentia a alegria do programa acontecendo da maneira como eu tinha descrito, e relaxava.

Naquela noite, quando me sentei com Larry King diante das câmeras, eu estava calmo e confiante. Respondi às perguntas, sorri, ri, e surpreendi Larry ao anunciar a produção de uma continuação do filme *O segredo*. Em resumo, criei uma nova experiência ao nevillizá-la.

Você também pode fazer isso. A idéia é escrever um roteiro do que você quer que aconteça, mas como se já tivesse acontecido. Finja que está escrevendo no seu diário o seu comentário sobre o dia em que atraiu a sua meta. Deixe os sentimentos agradáveis fluírem. Imagine a alegria que você sentiu. Este simples exercício programará o evento para que ele ocorra como você imaginou.

Por exemplo, você deseja uma casa nova? Wallace Wattles escreveu o seguinte no livro *A ciência de ficar rico*: "Viva mentalmente na casa nova, até que ela tome forma, fisicamente, ao seu redor. Desfrute imediatamente, na esfera mental, o prazer completo das coisas que você deseja."

Wattles escreveu ainda: "Veja as coisas que você deseja como se elas estivessem efetivamente ao seu redor o tempo todo; veja a si mesmo possuindo-as e usando-as."

Tanto Wattles quanto Neville estão estimulando você a usar a imaginação para criar o futuro que você deseja. Mas o truque é fazer isso com sentimento, e não apenas por meio de imagens mentais. Acho que este é o segredo que faltava para você atrair tudo que quiser: um número enorme de pessoas usa apenas a capacidade de criar imagens mentais e se esquece de acrescentar emoção à imaginação. O sentimento acelera o processo de atração. É por esse motivo que temos a tendência de atrair as coisas que amamos ou odiamos. As emoções intensas aumentam a velocidade da Lei da Atração.

Neville declarou certa vez: "Você está interpretando um papel neste momento. Se não gosta dele, você pode modificá-lo. Você pode interpretar o papel de um homem mais rico do que você era 24 horas atrás. Sua vida é apenas um papel que você pode interpretar, se quiser."

Você muda o papel que interpreta imaginando com sentimento. É preciso imaginar como você quer que a situação aconteça, mas faça isso com sentimento, como se ela já tivesse acontecido. Essa atitude também ajudará você a saber que ação deve praticar para começar a atrair o resultado desejado.

Neville escreveu o seguinte em *The Power of Awareness*:

> Você precisa simular o sentimento do desejo satisfeito até que a sua simulação tenha toda a nitidez sensorial da realidade. Você precisa imaginar que já está vivenciando o que deseja, ou seja, precisa simular o sentimento da satisfação do seu desejo até ser possuído por esse sentimento e ele se tornar tão grande a ponto de expulsar todas as outras idéias da sua consciência.

É isso que você deve fazer, ou seja, narrar por escrito uma situação com um número tão grande de detalhes que ela pareça real e dê a impressão de já ter acontecido. Lembre-se de que o evento em si ainda poderá ser diferente de como você o descreve quando o nevilliza. Você ainda está aprendendo a atrair o que quer. Eu também. Você está aprendendo a criar situações de um modo consciente.

Nas linhas abaixo, ou no seu diário, nevillize alguma coisa que você quer atrair. Certifique-se de que está descrevendo a imagem desejada. A sua ênfase deve recair no resultado. Você é o roteirista dos seus sonhos. A única ferramenta que precisa é uma caneta e a sua imaginação energizada. Divirta-se!

Oitavo método de libertação

Por favor, me perdoe

Não pergunte a si mesmo o que o mundo precisa. Pergunte a si mesmo o que deixa você realizado e em seguida faça isso, porque o mundo precisa de mais pessoas realizadas.

– HOWARD THURMAN

Se você não está avançando em alguma área da sua vida, se não está conseguindo atrair o carro, a casa, o emprego, o relacionamento ou qualquer outra coisa que você realmente quer, isso pode muito bem estar acontecendo devido a uma falta de perdão. Talvez você não tenha perdoado alguém. Talvez não tenha perdoado a si mesmo. Não importa. Agarrar-se a memórias, emoções ou histórias do passado certamente obstrui a sua energia e bloqueia a sua capacidade de atrair o que você deseja.

O que você precisa fazer agora é perdoar.

Eu costumava ter dificuldades com esta questão. Tinha medo de que se perdoasse a alguém, não aprenderia a lição e seria enganado novamente. No entanto, ao examinar essa convicção, compreendi que ela não passava disso: uma convicção. Não era a realidade. Não se baseava em fatos. Não era verdadeira.

Uma vez um cliente me devia muito dinheiro. Ele não estava pagando, e era óbvio que iria me dar um calote. Naquela época, eu ainda tinha a mentalidade de vítima. Eu achava que tanto o meu cliente quanto o resto do mundo estavam querendo me prejudicar. Eu tinha lido vários livros a respeito das injustiças feitas ao longo da história e da idéia de que os mais aptos sempre se saíam melhor, portanto achava que era preciso ser ganancioso e implacável nos negócios, caso contrário fracassaria. No entanto, não queria ser algo que eu não gostava. Não queria me tornar um "deles". Por isso, eu vivia com a minha dor e o meu ressentimento.

É claro que a única pessoa prejudicada por essa mentalidade era eu mesmo. O cliente que me devia dinheiro nunca sentiu a minha dor. Não tenho a menor idéia se ele sentia alguma coisa. Enfim, o fato de eu guardar rancor só deixava uma pessoa deprimida: eu.

Quando comecei a ler livros de auto-ajuda e a usar alguns dos métodos de libertação como os que estou apresentando nesse livro, compreendi que era possível abandonar o meu ressentimento. Eu podia perdoar o meu cliente. Eu podia perdoar a mim mesmo.

Foi exatamente o que fiz. E – você provavelmente já adivinhou o fim dessa história – o meu cliente apareceu e pagou o dinheiro que me devia. Mas eu não lhe perdoei porque queria receber o dinheiro. Simplesmente lhe perdoei, esqueci do dinheiro e deixei de pensar no assunto.

Vamos examinar essa questão mais de perto para que você entenda o perdão e o seu poder como um método de libertação.

Perdoar ao outro é, em parte, uma atitude que reforça e satisfaz o ego. Quando você diz "Eu te perdôo" para alguém, você está dizendo que tinha uma espécie de poder sobre essa pessoa. Você era o Rei ou a Rainha, e por meio do decreto "Eu te perdôo" declara a outra pessoa "livre" do seu ressentimento. Isso não é o verdadeiro perdão. Na verdade, pode até ser uma forma de manipulação.

Bem mais poderoso é dizer "Desculpe" para as pessoas que você magoou. Se você nunca assistiu à série *My Name is Earl* na televisão, sugiro que assista a ela quando tiver oportunidade. Ela é sobre um ladrão insignificante que percebe que se fizer boas coisas, boas coisas acontecerão. Ele faz uma lista de todas as pessoas que magoou na vida e em seguida se esforça para fazer alguma coisa para apagar o seu erro.

Há cerca de duas décadas, fiz algo semelhante. Elaborei uma lista com todas as pessoas que eu já tinha magoado. Em seguida, procurei-as e paguei o dinheiro que lhes devia, devolvi ferramentas ou objetos e disse a elas que estava arrependido por tê-las prejudicado. Fiz o possível para reconciliar-me com o meu passado. A sensação foi maravilhosa.

Sei também que existe um nível de perdão que vai além de ser perdoado ou perdoar aos outros. Um dos mais poderosos métodos de libertação que você pode usar é perdoar *a si mesmo*.

O erro está na sua maneira de entender uma determinada pessoa, e não na outra pessoa. É verdade que ela pode ter feito alguma coisa que você preferiria que não tivesse feito, mas é a forma como você a julga que causa o conflito. Quando pára de julgar, você se liberta. E com freqüência, quando você se liberta, a outra pessoa faz o que você queria que ela fizesse. O primeiro passo, contudo, é perdoar sinceramente a si mesmo.

Isso pode ser chamado de perdão radical. É a compreensão de que não aconteceu nada errado. Você talvez tenha feito um mau julgamento da situação. No entanto, do ponto de vista do Divino, o que ocorreu é simplesmente o que ocorreu. Acabou. Terminou. Virou história. O fato de você estar se agarrando aos seus julgamentos sobre uma determinada pessoa ou situação está consumindo a sua energia, energia essa que poderia estar sendo usada para atrair o que você deseja.

Colin Tipping escreveu o seguinte no livro *Radical Forgiveness*:

O perdão tradicional é do tipo "o que passou, passou". E isso é até certo ponto aceitável. Entretanto, como acreditamos que algo ruim aconteceu, ainda pensamos em nós mesmos como vítimas, por mais que nos esforcemos para perdoar. Essa situação sempre se manifesta como uma luta entre duas energias conflitantes: a necessidade de condenar *versus* o desejo de perdoar.

De acordo com Tipping, o "perdão radical" acontece quando você percebe que nada de ruim ou negativo aconteceu. Na verdade, a situação não aconteceu *com* você e sim *para* você. Ou seja, ela aconteceu para ajudá-lo a despertar e crescer. Fazia parte do processo que levou você ao lugar onde está agora. E a partir de onde você está, você pode atrair milagres.

Obviamente, você só precisa perdoar.

Mas como fazer isso?

Dizer apenas "Eu me perdôo" talvez não cause a mudança interior que você está buscando. E você não precisa dizer "Eu te perdôo" para ninguém, uma vez que, para início de conversa, a pessoa não tinha culpa de nada. Estava simplesmente fazendo o papel dela, e vocês dois criaram uma história que favoreceu o seu crescimento. Na verdade, você provavelmente deveria *agradecer* à outra pessoa.

E então, como perdoar a si mesmo?

Vou recorrer ao meu livro *Zero Limits* e sugerir que você peça ao Divino que perdoe os seus erros de julgamento. Esse processo pode ser tão simples quanto dizer "Por favor, me perdoe" ou "Desculpe". Você não precisa dizer essas palavras em voz alta. Tampouco precisa senti-las. À medida que você repete essas palavras em silêncio, dirigindo-as ao Divino (seja lá o que isso signifique para você), você começa a deixar a energia que está presa dentro de você fluir livremente.

Não é complicado. Você não precisa entender como funciona. Você está trabalhando no nível da alma para romper os bloqueios que os seus julgamentos criaram dentro de você. Experimente e verifique os resultados. Diga "Desculpe" e "Por favor, me perdoe" para o Divino. Em seguida, fique calado e permita que o silêncio o liberte.

Você também pode fazer uma lista de pessoas que precisam de perdão e escrevê-la aqui ou no seu diário.

_____
_____
_____
_____
_____
_____
_____
_____
_____
_____
_____
_____
_____

E lembre-se de perdoar a si mesmo!

Nono método de libertação

O corpo fala

*Para obter uma coisa é necessário que
a mente se apaixone por ela.*

— WILLIAM WALTER ATKINSON

Quando fui entrevistado pela segunda vez por Larry King, ele me fez a seguinte pergunta:
— As idéias do filme *O segredo* podem ajudar um viciado?
— Com certeza — respondi. — Elas já estão ajudando milhares de pessoas.
— Mas um viciado? — insistiu Larry. — O corpo do viciado continua viciado, não é mesmo?
Expliquei que a mente não se resume ao cérebro, ela abrange o corpo inteiro. O cérebro é o sistema operacional ou centro de controle, mas a mente não está apenas nele. A mente na verdade está *em todas as partes* do corpo. Por isso podemos guardar no corpo memórias emperradas e emoções bloqueadas. Quando libertamos o corpo, libertamos a mente. Quando libertamos a mente, libertamos o corpo.
— Mude a mente e você mudará o corpo — eu disse a Larry.
Como estava em um programa de televisão, não tive a chance de explicar mais detalhadamente as minhas respostas. Por sorte existem livros como este e pessoas como Jennifer McLean, que escreveu o artigo que se segue para ajudá-lo a livrar o seu corpo e a sua mente de quaisquer bloqueios. Jennifer McLean é especializada em Reiki e dois outros tipos de terapia: a craniossacral e a da polaridade. Há 15 anos ela pratica essas técnicas de

cura em sessões particulares e apresenta seus resultados em seminários. Para saber mais sobre o trabalho dela, visite o site www.healingrelease.com.

Libertando-se de antigos traumas e bloqueios de energia

Jennifer McLean

As técnicas a seguir conduzirão você por uma jornada pela inteligência do corpo que revelará os pensamentos presos nos sistemas físicos de energia celular. Esses pensamentos emperrados nos impedem de realizar os nossos sonhos e se manifestam como dor (física, emocional e espiritual).

O corpo freqüentemente retém pensamentos e emoções, que ficam bloqueados até serem descobertos, reconhecidos e superados. As energias presas no corpo são geralmente conseqüência de um trauma não resolvido. Esse trauma surge com um dano físico, emocional, mental ou espiritual, mas percebi com a minha experiência que alguns desses fatores, e talvez todos eles, podem estar combinados bloqueando a energia. Um trauma físico, por exemplo, pode ter uma causa tão dramática quanto um acidente de carro ou pode ter pouca importância, como quando você dá um chute no seu irmão e machuca o dedão do pé. O fundamental é perceber o pensamento que embasa a ação, ou seja, o pensamento que ocorreu enquanto você estava sofrendo o trauma, e também o lugar onde ele ficou aprisionado no corpo. Quando o pensamento e a emoção que estão por trás do bloqueio de energia são expostos, reconhecidos e superados com gratidão, a inteligência curativa natural do corpo reaparece trazendo equilíbrio, saúde e restabelecendo o fluxo de energia. Quando esse fluxo é restaurado, as comportas da oportunidade se abrem.

Constatei tanto no meu processo individual quanto no trabalho que faço com os meus clientes que quando me dirijo ao corpo e "faço perguntas" à estrutura celular e às emoções retidas nessas estruturas, freqüentemente é mais fácil identificar onde está o bloqueio. Por exemplo, tenho trabalhado com os sentimentos de abundância, alegria e companheirismo com resultados variados. Quando apresento esses sentimentos ao corpo e pergunto onde eles estão, descubro o caminho para entender e superar o bloqueio, despertando assim a verdadeira sensação que eu desejava, tanto no plano físico quanto no emocional.

A jornada do corpo – técnicas para se curar

Comparo essas técnicas à física quântica e ao "efeito do observador". O objetivo é avaliar o sistema energético enquanto ele se expressa. Quando você observa o movimento da energia e percebe os seus bloqueios, o corpo sabe que você está prestando atenção, por isso se altera e se reorganiza em um novo padrão de saúde e equilíbrio. Trata-se de um diálogo ativo:

Você: Olá, corpo, mostre-me o que deseja me mostrar, eu prometo prestar atenção.

Corpo: Legal, que bom que você está aqui. Recebi o seu pedido de abundância/companheirismo/liberdade/divertimento/felicidade (etc.), e sem dúvida tenho algumas coisas para mostrar a respeito disso.

Já começou: as palavras que você lerá agora estão impregnadas de perdão, amor e equilíbrio. Enquanto você faz essa leitura, o processo está em andamento.

Técnica número 1: usando o trauma para se libertar

Leia esta técnica do início ao fim antes de experimentá-la.

Primeira parte – encontre o seu centro

Vá para um lugar onde se sinta à vontade e deite-se ou sente-se com as costas apoiadas. Respire profundamente algumas vezes (no mínimo, três), procurando oxigenar o corpo e relaxar. Cada respiração deve durar, no mínimo, dez segundos. A respiração deve começar logo abaixo do umbigo (você pode colocar a mão nele para verificar); o peito se enche em seguida, e os ombros (levemente) por último. Imagine o ar preenchendo a parte superior do seu pulmão. Essa respiração também deve fazer com que você tenha a impressão de estar massageando internamente os seus ombros e o seu pescoço.

Agora que você está relaxado, sinta o seu corpo e encontre o lugar que dá a impressão de ser o seu centro. Deixe que sua consciência flutue dentro do seu corpo como uma pérola que afunda lenta e delicadamente na água. A pérola vai parar exatamente no seu centro. Descubra o silêncio desse ponto central. Se surgirem pensamentos, dobre-os como se fossem pedaços de pano e deixe-os de lado.

Segunda parte – olhe, observe, sinta, dialogue

Quando você sentir que o seu centro está livre, vá para o lugar onde se encontra a dor física; dirija-se à tensão ou ao desconforto no seu corpo. Essa dor está chamando você por alguma razão, ela é extremamente importante para que você consiga identificar o problema que tem que resolver.

"Ir para" significa levar a sua atenção para um lugar específico no seu corpo. Finja que os seus olhos estão voltados para dentro e que você consegue enxergar esse lugar de tensão e dor. Esta é a parte mais importante desta técnica: ir ao local da dor e observá-lo. Qual é a aparência dele? Algumas pessoas vêem objetos (um copo, um cilindro, uma caixa, uma casa, um brinquedo etc.); outras, uma cor; algumas têm uma sensação (macio, duro, pegajoso etc.); e também há quem sinta uma emoção (raiva, frustração, confusão etc.).

Depois de voltar completamente a sua atenção para esse lugar dentro do corpo, faça um exame atento e inicie o seu diálogo interior. Descreva detalhadamente para si mesmo o que você está vendo e sentindo. Repare nas mudanças que possivelmente ocorrerão (lembre-se do efeito do observador: o seu corpo fica feliz ao vê-lo e quer lhe mostrar alguma coisa. Ele usará uma linguagem simbólica que você entenderá.) Faça as seguintes perguntas:

- Por que você (a coisa que você está observando) está aqui?
- O que você é?
- Você tem alguma coisa importante para me mostrar? (Repare nas mudanças, e pergunte por que elas aconteceram.)
- De que maneira a forma como você se manifesta pode ser útil para mim?
- De onde você vem (um evento, uma conversa constrangedora, uma lesão física, um incidente desagradável etc.)?

Observação Especial: se for um evento traumático, não fuja do trauma; apenas reconheça a memória e volte ao que você estava observando com o novo entendimento da origem da tensão e da dor.

- Estou disposto a me libertar? Se for este o caso, como posso fazer isso? (Você não está buscando neste caso uma resposta do tipo "exercite-se mais" ou "procure perder peso". A resposta será dada pelo objeto que você está observando. Qual a sensação que você sente no corpo com relação a se libertar?)
- Existe alguma coisa que possa me ajudar a me libertar (do que você está observando)? Sempre existem forças auxiliares prontas para ajudá-lo; peça orientação para poder lidar com o que você estiver vendo, seja o que for.

Observe agora as mudanças enquanto conversa com o seu corpo. Ele se modificará e encontrará um padrão de equilíbrio. A mudança talvez se manifeste como um grande suspiro, lágrimas poderão aflorar ou quem sabe você comece a rir. Freqüentemente calor é liberado e, às vezes, você poderá sentir uma vibração. Um formigamento no cólon também é indício de que há energias em transformação. Tudo isso significa que você está sendo libertado.

Enquanto a coisa que você estava observando se transforma, observe o restante do seu corpo. Existe tensão em algum outro lugar? É como descascar uma cebola; ao libertar-se de um determinado problema, você cria a oportunidade para que uma nova área que provavelmente estava relacionada com o bloqueio anterior se revele. Se isso acontecer, vá para esse novo lugar que está chamando você e repita o exercício.

Recomendo que você termine este exercício utilizando a técnica ho'oponopono que Joe e o dr. Hew Len ensinam no livro *Zero Limits*. Agradeça, peça desculpas por ter tido a experiência traumática que originou o problema, ame a pessoa que criou o bloqueio (você) e a pessoa que você se tornou agora que se libertou dele.

Exemplos

Para que você realmente entenda este processo e se familiarize com a técnica, vou dar alguns exemplos de como ela funciona.

Sinto dor na região lombar, à esquerda. Executei as técnicas de respiração e constatei que meu centro estava se deslocando para o lugar nas minhas costas onde sinto dor. A minha atenção está concentrada no ponto da dor. Esse ponto parece sombrio e assustador. Sinto que ele está exasperado e indiferente ao mesmo tempo. Vejo uma mistura de vermelho e preto. Enquanto faço essas observações, reparo que estou sentindo o cólon mais pesado e que ele parece estar se movendo. Pergunto ao ponto nas minhas costas o que precisa me mostrar. Ele responde com mais indiferença; sinto que está voltando as costas para mim. Pergunto novamente: estou aqui, estou prestando atenção, estou reconhecendo sua existência; o que posso fazer por você? Ele se transforma e revela que a raiva e a frustração são apenas uma fachada para ocultar a tristeza. Pergunto de onde vem essa tristeza, por que ela está presente, e de que maneira ela pode ser útil para mim. Ele responde que eu sou muito mais do que venho mostrando ao mundo exterior. Ele diz para mim que sempre que eu refrear a tristeza em vez de senti-la haverá dor e tensão nas minhas costas; essa é a minha maneira de saber se estou sendo autêntica ou não.

Eis a experiência de uma cliente: Marcia sofreu uma lesão no tornozelo cinco anos antes de me procurar e nunca ficou completamente boa. Ela começa o processo de cura voltando sua atenção para o tornozelo, mas ele lhe diz para olhar primeiro para o joelho. Ela vai até o joelho e sente uma energia defensiva, um bloqueio, que parece uma caixa dura, fria e metálica. Marcia pergunta ao bloqueio o que ele é e por que está presente. A cor dele vai ficando mais clara, e o tornozelo começa a doer. A caixa se transforma no quarto em que Marcia dormia quando tinha cinco anos de idade, e o seu irmão a está perturbando e ameaçando agredi-la.

Marcia vê a caixa agora como o sentimento duro, frio e inflexível que nutria pelo irmão. Vê aquela menina de cinco anos chutar o irmão com muita força, a ponto de machucar o dedão do pé, o tornozelo e o joelho. (Marcia tinha esquecido completamente desse incidente.) Ela também percebe que essa postura defensiva e ao mesmo tempo agressiva ainda está presa no seu corpo como memória celular, mantendo-a afastada das pessoas e de novas oportunidades na vida. A caixa ainda está lá, e ela pergunta se existe alguma maneira de se libertar. Imediatamente ela percebe que dispõem de uma britadeira, e a usa para quebrar a caixa. Marcia recebe então um poderoso aspirador de pó, e limpa todos os fragmentos remanescentes da caixa. Por fim, ela se vê em um espaço limpo e o preenche com luz.

Depois dessa experiência, Marcia se libertou dos seus bloqueios e a sua perna ficou mais reta e mais forte. Ela parou de sentir dor no tornozelo. Agora a sua vida se abriu; ela passou a adotar uma postura menos defensiva nos seus relacionamentos, começou a viver mais o momento e a deixar a energia fluir.

Você pode usar essa técnica semanalmente ou até diariamente se sentir necessidade.

Técnica número 2: libertando-se das histórias negativas

Todos temos histórias. Às vezes ficamos pensando e repensando essas histórias: alguém – pode ser o nosso pai, a nossa mãe, um amigo, o nosso chefe – "cometeu uma injustiça" conosco.

Esses incidentes negativos continuam na nossa memória porque com freqüência eles estão presos em vários bloqueios de energia no nosso corpo. Quando pensamentos negativos estão presos no corpo, eles agem como grandes pedras no rio da nossa vida e diminuem a velocidade do fluxo de energia. Se o fluxo é bloqueado, ficamos doentes e sentimos uma dor física ou emocional, e também fadiga mental (perda de memória etc.). Isso é um sinal de que as nossas energias não estão fluindo.

Essa técnica ensina como libertar-nos das histórias negativas. Para isso, você precisa pegar cada momento, examinar o que está sentindo e de que maneira isso se manifesta no seu corpo. O corpo é uma poderosa ferramenta de diagnóstico, que permite que você reconheça os estados emocionais inconscientes que provocam disfunções.

- Conte para si mesmo a sua história negativa ou fale sobre o seu complexo de vítima, mas você só tem um ou dois minutos para fazer isso!
- Usando as técnicas de observação do interior que aprendeu há pouco, tente entender que sensação essa história transmite para o seu corpo. Sinta a história. Em que lugar do corpo você está sentindo essa emoção negativa?
- Agora diga para si mesmo: "Não quero mais sentir isso."
- Em seguida, pergunte a si mesmo: "O que eu *quero* sentir?" Conecte-se com o plexo solar e a área do coração para tentar descobrir a resposta.
- Desloque essa nova sensação positiva da sua mente (onde quase todos achamos que ficam as sensações) para o corpo. O que você está sentindo agora que as novas energias positivas estão no seu corpo? Como é sentir paz, alegria, confiança e abundância? Em que lugar do corpo você sente essas maravilhosas energias? Concentre-se no seu corpo e realmente sinta essas novas energias positivas.
- Avance para o próximo nível e descreva para si mesmo como é a sua vida agora que esses sentimentos estão presentes. Use as fortes emoções que você descobriu no seu

corpo para escrever uma história; visualize sua vida e sinta que você está realmente em harmonia com essas energias positivas.
- Leve a nova história da sua vida para dentro do seu corpo.

Essa é a Lei da Atração em ação; quando você fala sem parar sobre as suas antigas histórias e se sente uma vítima, você reforça a energia negativa e atrai uma quantidade ainda maior dela. Use este exercício para avançar em direção ao que você realmente deseja. Seu corpo será uma manifestação desses sentimentos positivos, criando um fluxo de positividade em todo o seu ser.

Décimo método de libertação

A mensagem vital

O corpo é a materialização da mente.

— LESTER LEVENSON

Aprendi há cerca de vinte anos um método de libertação que uso até hoje. Eu o ensinei a algumas pessoas, e elas também continuam utilizando esse método. Vou revelá-lo agora, para que você possa usá-lo sempre que precisar se libertar. O método em si é simples. Descobri com a experiência que sempre sentimos quando precisamos ser libertados. Esse sentimento não é agradável e pode se manifestar como raiva, frustração, impaciência, infelicidade, depressão, tristeza, apatia ou qualquer outra emoção carregada de energia negativa. É esse sentimento que derruba você. No entanto, é esse mesmo sentimento que pode animá-lo e até mesmo conduzi-lo a estados mais elevados de consciência, despertando um grande poder capaz de atrair o que você quiser.

Eis como o método funciona:

1. Você tem um sentimento específico do qual não gosta. Trata-se sempre de uma variação da infelicidade. Às vezes às pessoas dizem: "Não estou triste, estou apenas com raiva!" Bem, a raiva, obviamente, é uma forma de infelicidade. Seja qual for o seu sentimento, aceite-o.
2. Pense no sentimento e permita que ele se manifeste. Muitas vezes tentamos nos livrar de uma emoção que nos

desagrada. Tentamos afogá-la no álcool ou soterrá-la com comida. Podemos fugir de várias maneiras. Algumas pessoas praticam *jogging*. Outras fazem compras. Algumas ficam emburradas. Outras jogam coisas no chão. Estou sugerindo que você simplesmente não faça nada. *Fique quieto e deixe o sentimento se manifestar.* Sei que isso é desagradável, mas é a porta para a liberdade.

3. Descreva o sentimento. Quando você tiver uma dor de cabeça, em vez de procurar um comprimido, fique com a dor. Preste atenção nela e a descreva para si mesmo. Qual o tamanho dela? Qual a largura? A cor? A profundidade? Não existem respostas certas ou erradas para essas perguntas. Elas são feitas para manter a sua mente concentrada na dor ou no sentimento. Se você fizer isso, algo incrível acontecerá: a dor ou o sentimento começará a desaparecer.

4. Finalmente, pergunte ao sentimento o que ele está tentando lhe dizer. Já falei sobre isso em outras partes deste livro. A sua emoção está presente por um motivo. Há uma lição a ser aprendida. *Aprenda a lição e você não precisará mais dessa experiência.* Para usar esse método de libertação eu fico quieto, fecho os olhos, me concentro no sentimento – mesmo que eu morra de medo dele – e deixo que ele fale comigo. Isso talvez pareça só um jogo mental para você, mas as respostas que receberá poderão ser a diferença entre a dor e o prazer, o fracasso e o sucesso.

Esses quatro passos são facílimos. Basicamente, você está apenas permitindo que o sentimento que você quer superar permaneça dentro de você por um tempo suficiente para que seja possível ouvir a mensagem que ele está transmitindo. Depois de recebê-la, você estará livre. O método é realmente muito fácil.

Vou dar um exemplo de como usei recentemente esse método de libertação:

Sou membro vitalício da Sociedade dos Mágicos Americanos (SAM, na sigla em inglês). Pediram para que eu fizesse um truque de mágica para abrir a reunião mensal da divisão local da SAM. Ora, fazer mágica para a família e os amigos é uma coisa. Apresentar um número para mágicos profissionais é outra bem diferente.

Fiquei muito receoso. Comecei a ter medo da reunião. Passei três dias tentando decidir que truque eu iria apresentar, um que fosse bom o suficiente para deixar perplexos esses mágicos experientes. Nada do que ensaiei me agradou. Comprei mais artigos de mágica, apesar de já ter gastado dezenas de milhares de dólares em objetos que ficam guardados em um dos quartos vagos da minha casa.

Depois de me sentir infeliz todo esse tempo, comecei a pensar em maneiras de não comparecer à reunião. Eu não *era obrigado* a ir, disse para mim mesmo. Não estava sendo pago para fazer aquilo. Na verdade, ninguém estava esperando que eu fizesse o número. Foi simplesmente um convite que eu poderia aceitar ou recusar. Comecei a achar que eu deveria recusá-lo e simplesmente não comparecer à reunião.

No entanto, sempre sigo uma regra prática que diz o seguinte: se tenho medo, preciso ir em frente.

Tendo tomado essa decisão, eu agora precisava lidar com os meus sentimentos. Eles estavam sombrios e pesados. Comecei a me sentir doente. Uma dor surgiu no meu ouvido esquerdo. Senti que estava ficando deprimido.

Isso não era bom.

Lembrei-me então desse método de libertação, que chamo de Mensagem Vital, exatamente porque queremos ouvir a mensagem vital que a emoção tenta nos transmitir. Eu sabia que assim que escutasse essa mensagem, ficaria livre.

A sensação de medo estava presente. Conseguia senti-la no meu corpo. Eu não gostava dela. Poderia ter optado por não dar atenção a ela, poderia reprimi-la, enterrá-la ou usar vários outros subterfúgios. Em vez disso, escolhi ficar quieto. Permiti que o sentimento permanecesse ali comigo. Sem julgamentos. Sem desafios. Sem jogos mentais.

Depois de ficar em silêncio por alguns minutos, apenas sentindo o medo, lembrei-me, de repente, da primeira vez que falei com um mágico. Eu era criança, provavelmente não tinha nem 12 anos. Havia conseguido o telefone de um mágico que vivia em uma cidade grande perto de onde eu morava, e telefonei para ele. Esse foi o meu primeiro contato com um mágico de verdade, uma pessoa que fazia o que eu sonhava fazer.

O mágico atendeu o telefone, mas estava chorando. Minutos antes do meu telefonema, ele fora informado de que sua mãe havia morrido. Eu não tinha a menor idéia de como deveria reagir. Eu era um menino. Não tinha a menor experiência para lidar com uma situação como essa. Não conhecia a morte. Não sabia o que dizer. Pelo que me lembro, eu simplesmente me despedi e esqueci esse episódio.

No entanto, o meu inconsciente não esqueceu. Aquele primeiro contato com a mágica havia maculado o meu relacionamento com essa arte pelo resto da minha vida – até o dia que permiti que a minha emoção se expressasse.

O meu sentimento de medo me disse o seguinte: "Você pensa que todos os mágicos vão achar que você aparece na hora errada e diz a coisa errada."

Quando recebi essa mensagem vital, o sentimento ruim me abandonou. Ele simplesmente evaporou. Deixou de estar presente. Era como se eu precisasse contemplar aquela experiência da minha infância com olhos de adulto e compreender que ela já tinha sido superada. Quando me libertei dessa experiência, me senti livre.

Compareci então à reunião dos mágicos. Fiz uma palestra bastante informal sobre a mágica e o marketing, e também apresentei um truque de leitura da mente. A sala estava lotada, os meus colegas adoraram o meu número, aplaudindo várias vezes ao longo de toda a apresentação, riram das minhas piadas e se aproximaram no final para me cumprimentar.

Essa é a verdadeira mágica. E ela aconteceu porque prestei atenção à mensagem que a minha emoção queria passar.

Experimente fazer esse exercício nas linhas abaixo ou no seu diário. Escolha uma emoção que você esteja sentindo agora ou tenha sentido recentemente e responda as seguintes perguntas.

1. Que sentimento é esse?

_____
_____
_____

2. Você é capaz de simplesmente aceitar o sentimento por alguns minutos?

_____
_____
_____

3. Como o sentimento pode ser descrito? (Qual o tamanho dele? Onde ele está? Qual a cor dele? Qual a sua profundidade?)

_____
_____
_____

4. Qual é a mensagem que o sentimento está passando? (Pode inventar uma resposta se quiser. Mesmo que seja inventada, a sua resposta pode ser mais relevante do que você pensa.)

TERCEIRA PARTE

Os milagres

Em verdade vos digo, é mais fácil um camelo passar pelo buraco de uma agulha do que um homem de mentalidade científica passar por uma porta.

— Sir Arthur Eddington, físico

Perguntas e respostas

Fragmentos de uma teleconferência de Coaching de Milagres

LEE: O meu nome é Lee Follander. Sou um dos *Coaches* de Milagres do dr. Joe Vitale e estou emocionado por estar aqui esta noite. Vamos experimentar nesta teleconferência algo um pouco diferente do que fizemos nas anteriores, e quero explicar brevemente porque faremos isso.

Uma das coisas que reparamos, e que eu costumo notar nas teleconferências de que participo, é que quando outra pessoa na audiência faz uma pergunta, geralmente ela toca num assunto que me interessa. Por exemplo, a pessoa pode ter uma dúvida semelhante à minha, ou talvez a dúvida dela me faça lembrar de um assunto sobre o qual tive dúvidas no passado. Esse tipo de sincronismo às vezes se perde quando alguém faz um monólogo a respeito de um tema e nós apenas escutamos. Alguma coisa muda quando nos envolvemos em um diálogo, nos sentimos conectados em um nível pessoal mais profundo. Desse modo, convido cada um de vocês a se envolver na teleconferência desta noite.

Trabalhando com os clientes e conversando com a nossa equipe, surgem algumas perguntas desafiadoras, como vocês podem imaginar. Decidimos, portanto, trazê-las junto com as perguntas que vocês enviaram para Joe responder. E a nossa intenção aqui, nesta noite, é apresentar algumas idéias incríveis a respeito do trabalho que cada um de vocês está fazendo para criar uma vida milagrosa. Creio que as muitas perguntas que selecionamos ajudarão bastante a sanar as suas dúvidas.

Assim sendo, quer você esteja apenas iniciando a sua jornada, quer seja um viajante mais experiente, sente numa posição confortável enquanto convido Joe Vitale para se juntar a nós.

Você está conosco, não é mesmo, Joe?

JOE: Com certeza.

LEE: OK. Excelente. Vou apresentar então a primeira pergunta: Você está no meio do seu dia e uma convicção limitante se manifesta. Você percebe que ela realmente o deixa perturbado. O que você faz?

JOE: É uma excelente pergunta, pois isso aconteceu comigo hoje, então posso olhar para trás e verificar a minha reação. E a primeira coisa que fiz foi reconhecer o que estava acontecendo.

Descobri que combatendo a convicção, eu a fortaleço. Se luto contra ela, estou apenas mantendo-a por mais tempo na minha consciência, e ela simplesmente gruda em mim como cola.

Em vez de reagir, eu digo para mim mesmo: "Isso é uma convicção negativa", e eu sinto essa convicção. É importante senti-la, porque quando não a sentimos, podemos enterrá-la viva, e o que acontece é que ela volta a aparecer; quando vier à tona, ela pode se manifestar de uma maneira inadequada. Você pode ficar com raiva ou chorar. Você pode ter simplesmente uma espécie de explosão emocional em um momento inapropriado, tudo porque não sentiu a emoção num primeiro momento.

Assim sendo, quando eu vejo ou sinto a emoção, eu a reconheço e permito que ela continue presente. No entanto, admito para mim mesmo que realmente não a desejo. Se a emoção me deixa um pouco triste ou raivoso, é claro que preferiria que ela fosse embora. Mas eu a sinto e digo: "De fato, ela está presente", e a vivencio por um momento – realmente um instante é o suficiente – sem lutar contra ela. Então a emoção se dissipa. Se dissolve. Evapora.

Em seguida, procuro um pensamento mais positivo, porque quando a convicção negativa surgiu, como saber de onde ela veio? Ela pode simplesmente ter surgido na minha consciência. Pode ter sido alguma coisa que eu li ou ouvi; uma notícia rápida no noticiário, uma carta que chegou pelo correio. Quem sabe como ela surgiu? Mas independentemente disso, está tudo bem. Em seguida procuro ter um pensamento que me faça sentir melhor. E esse é realmente o meu lema: procure um pensamento que faça com que você se sinta bem.

Então, se uma convicção negativa estiver perturbando você, reconheça-a, sinta-a, expresse-a e liberte-se. Procure uma alternativa para ela. Procure o oposto dela. No meu livro *The Attractor Factor,* digo que o primeiro passo é saber o que você não quer. Bem, a convicção que acaba de surgir provavelmente é uma das coisas que você não quer.

O passo número dois em *The Attractor Factor* é escolher o que você quer, e uma excelente maneira de fazer isso é simplesmente inverter o significado da convicção negativa. Por exemplo, pense em uma convicção bastante comum, como *nunca tenho o suficiente* – ela aparece sob diversas formas; *nunca tenho dinheiro suficiente, nunca tenho comida suficiente, nunca tenho amor suficiente* etc. O pensamento oposto a essa convicção comum de que nunca há o suficiente poderia ser algo como *tenho dinheiro mais do que suficiente* para dar para todas as pessoas, ou *tenho dinhei-*

ro mais do que suficiente para pagar as minhas contas em dia, ou até antes do vencimento se eu quiser. A idéia é que você procure uma convicção melhor. É você que escolhe as suas convicções. Você está no controle. É isso que eu faria, e é o que eu faço.

LEE: OK. Excelente. E a sua resposta realmente oferece algo que as pessoas efetivamente podem aplicar, em vez de apenas ficarem à mercê das suas convicções limitantes.

JOE: Você foi uma vítima no passado. A partir deste momento, você não pode mais ser uma vítima. Acabei de dizer como reverter isso. E agora você está despertando. Você tem uma escolha. E esta é a beleza de tudo isso, desta teleconferência, de todo este programa de *Coaching* de Milagres. Você agora tem uma escolha. Você está retomando o seu poder. E isso é revigorante.

LEE: Isso é ótimo. Segunda pergunta: e os bebês? Eles atraem o que têm? Você sabe, estou me referindo a coisas como cólicas, gases, ou até mesmo problemas mais sérios como má-formação de alguma parte do corpo.

JOE: Muita gente faz essa pergunta. É interessante. As pessoas têm assistido ao filme *O segredo*. Se os que estão participando desta teleconferência não o viram ainda, sugiro que vejam. O filme provavelmente já está à venda nas lojas. Ou então vocês podem visitar o site www.TheSecret.tv. A Oprah falou sobre *O segredo*. Larry King também falou a respeito do filme; eu participei do programa dele. Ellen DeGeneres foi outra que abordou esse assunto. A revista *Time* publicou uma matéria sobre o filme. A revista *Newsweek* acaba de publicar outra. Existe, portanto, um *boom* nos Estados Unidos e no mundo em torno da Lei da Atração. E agora tanto os céticos quanto as pessoas que estão sinceramente interessadas estão fazendo perguntas.

LEE: É verdade.

JOE: As pessoas fazem perguntas do tipo: "São os próprios bebês que atraem essas coisas?" Quer dizer, se eles nascem inocentes, são eles que atraem os próprios problemas? E existem até bebês que sofrem um AVC seis semanas depois de nascer. Eu penso que eles atraem tudo o que têm, mas em um nível inconsciente, como a maioria de nós.

Quando sofremos um acidente de carro, quando alguma coisa ruim nos acontece, balançamos a cabeça e pensamos: "Nossa, isso foi horrível." Colocamos então a culpa nos outros, mas isso é uma ilusão. A realidade é que atraímos o acidente inconscientemente. Este é um dos pontos que estou enfatizando agora – todos nós temos que ficar cada vez mais conscientes.

Acho que os bebês nascem com uma certa programação. Se pensarmos bem, veremos que até irmãos gêmeos, que nascem em uma mesma família, são criados pelos mesmos pais, educados no mesmo sistema escolar, freqüentam o mesmo ambiente religioso e comparecem às mesmas atividades sociais, podem ter personalidades diferentes. Tudo indica que eles chegaram ao mundo com alguma bagagem.

Sendo assim, a minha impressão é que os bebês nascem com uma espécie de programação. Parte dela diz respeito à personalidade, parte à genética, e parte à experiência física. Não sei de onde isso veio. Acho que podemos falar até de Deus, Buda ou outra força qualquer, eu não sei. Mas a minha postura é que todos nós, inclusive os bebês, atraímos tudo, só que de modo inconsciente.

LEE: Entendi. Tudo bem. Essas idéias podem ser completamente novas para algumas pessoas. Talvez alguém esteja participando dessa teleconferência pela primeira vez.

JOE: Sim.

LEE: Então, como você começa a atrair as coisas?

JOE: Como? Bem, a minha maneira preferida de começar é brincando com a idéia de como você gostaria que a sua vida fosse. Adoro essa pergunta. Adoro perguntas que seguem a mesma linha de raciocínio, por exemplo: quanta prosperidade você consegue suportar? O que especificamente você gostaria que fosse diferente na sua vida? E quando estou fazendo essas perguntas, gosto quando as pessoas pensam em possibilidades. Não quero que pensem em problemas.

Para mim, tudo começa com a idéia de nos concentrarmos no que queremos.

Além disso, como escrevi em *The Attractor Factor*, a intenção governa a Terra. O mesmo comentário também aparece no filme *O segredo*, e já vi a Oprah dizer isso mais de uma vez no programa dela.

Assim sendo, encorajo as pessoas a começar declarando suas intenções. E caso alguém não saiba o que isso significa, estou me referindo a uma declaração de como você deseja que um resultado particular se manifeste. Esse resultado pode ser perder peso, ter um carro de uma marca específica, ser promovido no trabalho etc. Estou falando aqui de generalidades, mas na sua cabeça você deve estar pensando em algo bastante específico.

Declarar intenções, ou seja, pensar no que você quer e brincar com as possibilidades de como você gostaria que a sua vida fosse, dá início ao processo e faz você avançar em direção a essas coisas. Esta é uma das coisas mais impressionantes, milagrosas e mágicas da vida: quando você declara uma intenção, a primeira coisa que acontece é que o seu corpo e a sua mente entram em sintonia para seguir em direção a ela.

O meu exemplo favorito é quando você compra um carro novo. Suponha que você tenha comprado um Volkswagen. Antes de comprá-lo, você apenas pensava ocasionalmente nessa marca. No entanto, depois de comprar, você passa a ver carros da Volkswagen por toda parte, parece até que o mundo está sendo invadido por eles. A sua mente fica atenta, porque você se concentra nisso.

Quando você se concentra em uma intenção, a sua mente e o seu corpo começam a avançar em direção a ela. Trata-se simplesmente de uma regra básica de psicologia. Você atrai uma quantidade maior daquilo em que se concentra.

Além disso, metafisicamente, o próprio Universo, a energia de tudo o que existe, parece reorganizar-se para levar a sua intenção até você e para torná-la realidade.

Eu diria então que você deve começar brincando com a sua intenção. O que você quer? Como você quer que a sua vida seja? Quanta prosperidade você consegue suportar? O que você realmente deseja mudar? Além disso, você está se concentrando em possibilidades e não em problemas. Você está se concentrando no seu resultado, na maneira como deseja que as coisas sejam. Para mim, isso é o mais importante. É aí que tudo começa.

LEE: OK. Excelente. Isso nos leva à nossa próxima pergunta. Alguém quer saber o seguinte: por que está demorando tanto para a Lei da Atração funcionar? Quer dizer, às vezes parece mais fácil atrair coisas negativas do que positivas. Na verdade são duas perguntas, mas a natureza delas é semelhante.

JOE: Bem, é um questionamento interessante. As duas perguntas são excelentes. Você talvez precise me lembrar da segunda. Vou abordar inicialmente a primeira.

LEE: Por que está demorando tanto para a Lei da Atração funcionar?

JOE: Por que está demorando tanto? Falei sobre isso domingo passado, na World Wellness Convention. Deepak Chopra também deu uma conferência sábado à noite. Eu falei domingo pela manhã, diante de uma audiência que ficou o tempo todo de pé. Na verdade, havia pessoas sentadas no chão, além de centenas de outras do lado de fora, porque não conseguiram entrar. O local estava completamente lotado.

LEE: Eu estava lá. Foi incrível.

JOE: Você estava lá? Ah, obrigado. Não sabia. Eu o vi depois, mas não sabia que você estava presente durante a palestra.

LEE: Eu estava sim.

JOE: Bem, falei sobre uma idéia bastante simples, que envolvia três passos. Quero reiterá-los aqui, porque são relevantes para a pergunta.

Eu disse que o Universo, que você pode chamar de Deus, o Divino, a energia vital, a força vital – pode chamar do que você quiser; estou me referindo à força que é maior, mais sábia e mais forte do que todos nós e que nos envolve por todos os lados –, enfim, essa Divindade está enviando e recebendo informações e energia o tempo todo. Esse é o primeiro passo. Ela está sempre enviando e recebendo.

Só que o que a Divindade está enviando e recebendo de você é filtrado pelo seu sistema de crenças. Esse é o segundo passo, e ele é muito importante. A energia que chega é muito pura. Ela o atinge, e você tem convicções a respeito do que é possível para você. Você tem convicções com relação à natureza da realidade. Você tem convicções sobre o seu merecimento. A energia chega e passa através do filtro das suas convicções.

É aí que entra o terceiro passo: os resultados que você obtém. Mesmo quando você examina os seus resultados, a maneira como você os interpreta passa pelo filtro das suas convicções.

Desse modo, quando alguma coisa não acontece com a rapidez que você gostaria, a demora é provavelmente causada pelas suas convicções.

No meu modo de pensar, nada é impossível. Talvez até existam coisas que nunca foram feitas, mas na minha cabeça nada é impossível. Podemos não saber como fazer uma coisa, mas sempre é possível descobrir uma maneira ou inventar um jeito de fazê-la.

Assim sendo, se uma coisa não está acontecendo, talvez ela esteja sendo bloqueada pelas suas convicções, que podem ser pensamentos do tipo: "Não acredito realmente que isso seja possível", ou "Na verdade, não mereço isso", ou ainda "Bem, isso vai me custar muito dinheiro quando acontecer, e terei que pagar mais impostos".

Estou apenas dando alguns exemplos comuns. Mas quero convidar todos a pensar no assunto, porque se você declara uma intenção particular e depois se sente frustrado quando ela não se realiza, isso provavelmente é um sinal de que você tem convicções que estão fazendo com que o resultado que quer ainda não esteja aparecendo. Se esse é o seu caso, sugiro que examine as suas idéias e brinque com elas. Pergunte a si mesmo: "Se realmente tenho convicções que estão retardando o processo de manifestação do que eu quero, que convicções podem ser essas?" Alguma coisa virá à tona, você receberá algum tipo de resposta, que poderá até parecer absurda quando surgir.

Durante a minha palestra no domingo, eu disse às pessoas que estava aumentando gradativamente a minha renda, mas em um determinado ponto eu parei de ganhar mais dinheiro. A minha situação financeira ficou estacionada o ano inteiro. E eu pensei: "Bem, por que isso está acontecendo? A minha intenção é clara. Acredito que a Divindade está me ouvindo e tentando me ajudar. Estou fazendo tudo o que está ao meu alcance, mas não consigo ultrapassar esse nível. Por que isso está acontecendo? Por que não estou ganhando mais dinheiro?" Passei então a examinar as minhas convicções, e percebi que eu não me sentia à vontade ganhando mais dinheiro do que os meus pais. E eu me lembro que no momento que disse isso no domingo, você deve se lembrar também, Lee, veio uma espécie de murmúrio do público, como se todo mundo estivesse se identificando com o que eu acabara de dizer.

LEE: Foi isso mesmo que aconteceu.

JOE: Então tive que analisar essa convicção. Falei um pouco a respeito dela no domingo. Eu me dei conta de que os nossos pais sempre desejam o melhor para nós. Talvez nem sempre saibam como expressar isso, mas eles fazem o melhor que podem. Percebi que o meu pai sentiria orgulho de mim se eu ganhasse mais dinheiro do que ele, e compreendi que poderia ajudá-lo, bem como a outros membros da minha família, e ainda poderia dar uma força para outras pessoas ou para causas nobres, isso sem falar em mim mesmo. Então fui capaz de remover a barreira. Isso é o mais importante. A única barreira era a minha convicção.

LEE: E você diria, Joe, que essas convicções limitantes às vezes não parecem estar relacionadas com o objetivo que você está tentando alcançar?

JOE: Isso mesmo.

LEE: Quer dizer então que elas podem dar a impressão de não ter nada a ver com o que estou querendo atrair?

JOE: Pela sua pergunta acho que você tem um exemplo em mente. O que você tem a dizer sobre esse assunto?

LEE: Bem, por exemplo, eu desejo ter sucesso no meu negócio, e quero que ele cresça cada vez mais.

JOE: É claro.

LEE: Suponha que meu objetivo não esteja se realizando. Mas a minha convicção limitante pode ser algo bem diferente, por exemplo, talvez eu ache que não sou uma pessoa agradável. É isso mesmo?

JOE: Exatamente.
LEE: Que interessante. Essa convicção pode não ter nada a ver diretamente com o meu negócio.
JOE: Isso mesmo.
LEE: Eu posso, por exemplo, ser um corretor de imóveis ou de seguros, e ainda assim essa convicção específica me atrapalha.
JOE: Claro.
LEE: Mas até que faz sentido, pois se eu tenho a convicção de que não sou uma pessoa agradável, obviamente os meus clientes não me procurarão.
JOE: Exatamente, e você pode estar totalmente inconsciente dessa convicção, até participar de uma teleconferência como esta, ou começar um *Coaching* de Milagres e trabalhar com alguém que possa ajudá-lo a perceber o que está acontecendo.

E quero que todo mundo saiba que isso também acontece comigo. Vocês podem apontar para mim e dizer: "Olha, o Joe já fez de tudo. Escreveu dezenas de livros, se destacou em tais e tais áreas, e teve sucesso em tudo que fez." Apesar disso, ainda tenho convicções limitantes que vêm à tona. Eu ainda enfrento problemas, e ainda trabalho com *Coaches*, porque sei que vivo em um universo impulsionado pelas convicções, e a maioria delas é inconsciente.

Você pode investigá-las sozinho. Falei a respeito disso no domingo. Estou ensinando alguns métodos agora mesmo. No entanto, às vezes recorro a um *Coach*, alguém de fora, que tenha uma visão objetiva e não esteja vivendo o mesmo sistema de crenças que eu. Desse modo eu me conscientizo dessas convicções; e em geral, o simples fato de eu me conscientizar delas faz com que elas se evaporem.

LEE: Isso nos conduz à outra pergunta que eu fiz: por que às vezes parece mais fácil atrair coisas negativas do que positivas?

JOE: Realmente, ela está relacionada com o que acabei de dizer.

LEE: Atraímos mais facilmente coisas negativas porque dirigimos a nossa atenção para elas, não é?

JOE: Exatamente. Em geral é a emoção que atrai tudo para a sua vida. Quase todas as pessoas sentem intensamente o ódio, a raiva ou a frustração. Por isso elas atraem coisas que são compatíveis com esses sentimentos, porque estão concentradas neles. Se você conseguir amar uma coisa que você realmente queira com a mesma intensidade, você a atrairá.

O meu exemplo predileto são os carros. Sou um fanático por carros e aprendi a amá-los. Isso é bem irônico, porque trabalho em casa e não vou a muitos lugares diferentes. E quando vou, em geral viajo de avião. Assim, tenho vários lindos carros, e não dirijo nenhum deles. Apesar disso, eu os amo tanto que eles vieram para a minha vida por causa desse amor. Foi o amor que atraiu os meus carros.

Normalmente as pessoas se concentram nas coisas que não gostam, gerando com isso muita energia negativa, e essa energia é externada e atrai outras energias compatíveis.

LEE: Por que algumas coisas se manifestam mais rápido do que outras, mesmo quando me dedico igualmente a ambas? Parece que o que você acaba de dizer pode ter a ver com isso. Fale um pouco a respeito, por favor.

JOE: Acho que isso remete à primeira parte da última pergunta, quando eu disse que temos convicções a respeito dessas coisas. Pode dar a impressão de que você está atraindo uma coisa mais rápido do que outra, mas acho que se você examinar a situação bem de perto, descobrirá que o único obstáculo é uma convicção limitante.

Além disso, é claro, como não sei quem formulou essa pergunta, desconheço a realidade dessa pessoa bem como o seu sistema de crenças. No entanto, voltando à minha palestra de domingo e à idéia de que informações provenientes do Divino chegam até nós, devo dizer que ele nos pede que façamos coisas justamente por meio dessas informações. Quando declaramos uma intenção, ela vai diretamente para o Divino, seja lá como você queira chamar esse poder. Em seguida, ele envia o que pedimos para nós. Essa é a fórmula. As únicas coisas que podem fazer com que esse processo funcione mais devagar ou até pare totalmente de funcionar são as suas convicções. Desse modo, se o que você quer está tentando se manifestar, mas por alguma razão você tem uma convicção limitante ou auto-sabotadora, ou ainda um pensamento de que não merece o que está querendo, você retardará o processo.

LEE: OK. Tenho outra pergunta bastante semelhante, que provavelmente também está relacionada com as convicções limitantes. Alguém escreveu que uma convicção limitante expõe outra. Existe um fim para elas?

JOE: Bem...

LEE: Parece que o autor da pergunta quer saber se existe uma maneira de se libertar de todas as convicções limitantes.

JOE: Eu acho que entendi. Chega uma hora que essas convicções não estão mais presentes. Percebi com a minha experiência que existe um número tão grande de convicções limitantes que elas simplesmente vão continuar vindo à tona, mas você não precisa se envolver com nenhuma delas. Quando você pratica os métodos de libertação há algum tempo, as convicções vêm e vão sem que você se apegue a elas. Elas aparecem, e você simplesmente deixa que partam. O processo é quase meditativo. A convicção de certo modo surge por acaso, como um pensamento que passa de repente pela sua mente, e você a observa como uma nuvem que atravessa o céu. Você não é a convicção. Você não é o pensamento. Você não é a nuvem. Você é o observador. Não sei se alguém vai conseguir entender isso, porque eu ainda estou elaborando essa idéia, mas se você conseguir perceber que você é o céu e não as nuvens, ficará completamente em paz o tempo todo.

LEE: Nossa. Adorei essa idéia. É incrível.

JOE: Vou repeti-la para mim mesmo e para o mundo.

LEE: Faça isso, por favor.

JOE: Se você conseguir perceber que você é o céu e não as nuvens, ficará em paz o tempo todo; as nuvens são os pensamentos que passam, o céu é parte do seu ser que observa. Se você puder observar tudo que está acontecendo com você, será uma pessoa desapegada, ficará admiravelmente em paz e conseguirá atrair tudo que quiser.

LEE: Bem, achei isso maravilhoso, porque na verdade me conduz à próxima pergunta. O que significa libertar-se? Como uma pessoa pode saber se está livre? Falamos muito com os nossos clientes a respeito disso.

JOE: Eu sei. Costumo dizer que para atrair tudo o que você quiser é preciso libertar-se. Esse é o segredo que está faltando. Foi exatamente esse o tema da minha palestra no domingo. Falei o tempo todo sobre a libertação.

Afirmo que a libertação é o segredo que falta em praticamente todos os programas de auto-ajuda que existem. Talvez haja uma ou duas exceções, mas de um modo geral eles não têm consciência desse passo, ou não sabem como lidar com ele. Libertar-se ou ficar livre significa não deixar que nenhuma convicção impeça você de atingir a sua intenção, seja ela qual for. Você sabe que está livre quando não tem convicções obstruindo o seu caminho e você atrai com facilidade as coisas que deseja, ou permanece totalmente tranqüilo enquanto elas estão sendo atraídas para você.

LEE: Entendi. Então você sente uma sensação de tranqüilidade quando está livre.

JOE: Exatamente.

LEE: Uma sensação de que não há nada no caminho.

JOE: Isso mesmo, nada atrapalha o seu caminho. Suponha, por exemplo, que você está tentando se concentrar em saúde, riqueza e em relacionamentos melhores. Você declarou as suas intenções e trabalhou para superar as suas convicções, mas ainda sente uma certa frustração, você não está livre ainda.

LEE: Entendi.

JOE: O sentimento de frustração é um sinal de que você ainda tem uma ou duas convicções que estão atrapalhando. O fato de você se sentir impaciente, triste, um pouco zangado ou alimentar qualquer emoção estranha, ou seja, qualquer emoção que você saiba que não é alegre, é um sinal de que você ainda tem algumas convicções limitantes. Quando você está livre, a sua intenção se realiza muito rápido ou você tem certeza de que ela está prestes a se realizar, e você não sente nenhuma sensação desagradável.

LEE: É preciso ficar pensando na nossa intenção o tempo todo?

JOE: Eu acho que não. Para mim, você pode se divertir pensando na sua intenção e dizendo para si mesmo: "Uau, seria maravilhoso ter um relacionamento melhor, ou ter mais dinheiro." Enquanto você estiver se divertindo, permaneça concentrado na sua intenção. Mas se você ficar pensando nela constantemente por achar que precisa reforçá-la, essa atitude pode estar escondendo uma convicção que diz que o trabalho que você fez não foi suficiente ou que você não acredita que o processo esteja efetivamente funcionando. Isso é, uma atitude assim poderia indicar a presença de uma convicção negativa.

LEE: Então o que você está dizendo, Joe, é que se eu notar que estou otimista, alegre e feliz com alguma coisa, a probabilidade de que eu esteja livre é muito grande.

JOE: Isso mesmo.

LEE: OK. Bom saber disso.

JOE: "Otimismo", "alegria" e "felicidade" são as palavras-chaves. Também uso com freqüência termos como "jovial" ou "espontâneo". Imagine que você passa por uma loja, olha para a vitrine e pensa espontaneamente: "Nossa, que violão incrível, eu adoraria tocá-lo"; mas sem sentir a necessidade de possuir o violão, sem estar desesperado para consegui-lo, sem estar infeliz por não tê-lo, sem estar viciado nele, sem colocar o instrumento como a coisa mais importante da sua vida, tendo simplesmente uma sensação de jovialidade e alegria; se conseguir fazer isso, você estará em uma posição maravilhosa para que esse violão esteja nas suas mãos poucos dias depois.

LEE: Ótimo. Aqui tem outra questão relacionada à libertação. Alguém perguntou: "Às vezes percebo que fico irritado com as pessoas. Desconfio que uma convicção limitante esteja me atrapalhando, mas não consigo chegar até ela. Como posso descobri-la?"

JOE: Essa é uma excelente pergunta. Eu vi a palestra do Deepak Chopra no sábado à noite. Vale a pena ler os livros que ele escreveu. As suas idéias são sofisticadas. Deepak é indiano. É médico. Tem uma visão histórica da antiga filosofia hindu. Ele disse durante a sua palestra que não existe nada lá fora, e eu concordo com isso. Tudo que é externo a nós mesmos é uma ilusão, inclusive as outras pessoas.

LEE: É mesmo?

JOE: Ele disse também que a realidade é um espelho que reflete as nossas convicções. Essa afirmação é realmente poderosa. Pode ser difícil de aceitar a princípio, mas quando realmente a compreendemos sentimos que nossa mente se expande e nossa vida se transforma. Chopra disse que quando as características das outras pessoas realmente nos incomodam, repelem e deixam com raiva, independentemente de que características sejam essas, é extremamente provável que elas na verdade sejam reflexos das características que não gostamos em nós mesmos. Esse é um fato muito difícil de enfrentar.

Chopra falou sobre uma mulher que se aproximou dele em um seminário e disse coisas extremamente inconvenientes. Primeiro ele pensou: "Meu Deus, essa mulher é rude, impaciente e antipática." Uma lista de coisas ruins passou pela sua cabeça. Depois ele refletiu um pouco e disse a si mesmo: "Espere um instante, devo levar a sério os meus ensinamentos." Decidiu então anotar todos os elementos que o incomodaram na mulher. Em seguida, ligou para o seu agente de publicidade e disse: "Vou ler uma lista de características para você, quero que você me diga se eu as possuo"; passou então a relacionar adjetivos como antipático, rude e impaciente. Chopra leu a lista inteira, e comentou que a pessoa do outro lado da linha não disse nada por um longo tempo. Ele ficou alarmado, e achou melhor tirar essa história a limpo.

Telefonou então para a sua mulher, e leu a mesma lista para ela. Em seguida, disse ele, o silêncio do outro lado da linha foi ainda mais longo do que quando tinha ligado para o seu agente de publicidade. O fato é que as características desagradáveis da mulher que o abordara no seminário eram exatamente as facetas que ele não gostava na própria personalidade. Em casos assim, a libertação está em você mesmo, não na outra pessoa. Você pode até agradecer ao outro, pessoalmente ou mentalmente, porque ele está ajudando você a elaborar uma lista das coisas que não gosta. Em seguida, você volta-se para dentro de si mesmo e pergunta: "Como isso me afeta? Como é essa parte da minha personalidade que eu até agora não reconheci?"

LEE: Isso é maravilhoso, Joe. Lembrei agora do dr. Hew Len e do conceito ho'oponopono.

JOE: Exatamente.

LEE: Eu sou responsável por todas as coisas que surgem na minha vida. Claramente criei essa pessoa que está à minha frente para que eu possa lidar melhor com as características negativas que eu mesmo possuo e que vejo refletidas nela.

JOE: A idéia é essa. Acho que vale a pena abordar esse ponto especificamente, caso alguém nunca tenha ouvido falar no dr. Hew Len ou no ho'oponopono. Bem, em vez de contar toda a história, que é enorme, vou narrar a versão resumida. O dr. Hew Len é um terapeuta de um hospital psiquiátrico para doentes mentais com tendências criminosas. Ele ajudou a curar uma ala inteira de pacientes que antes precisavam ser algemados ou sedados por causa de seus comportamentos extremamente perigosos. O dr. Hew Len fez isso com uma técnica havaiana chamada ho'oponopono, e eu aprendi essa técnica. Conheci o dr. Hew Len. Apresentamos juntos alguns seminários. Fomos co-autores de um livro chamado *Zero Limits*. Se vocês quiserem entender melhor o assunto, visitem o site www.zerolimits.info. Lá poderão ler a história toda e entender as idéias do dr. Hew Len. Vocês também podem praticá-las.

LEE: Certo.

JOE: Isso pode parecer muito estranho e fantasioso para algumas pessoas, mas para mim é a realidade do dia-a-dia. Tenho que examinar sempre as coisas que aparecem na minha vida como uma projeção do que existe dentro de mim – sejam essas coisas boas ou ruins. E isso remete mais uma vez à minha palestra do domingo. A energia que vem do Universo entra em mim, e enquanto percorre meu corpo, vai sendo filtrada pelas minhas convicções. Depois, é só observar e ver os resultados. Esses resultados não são uma realidade imutável. São apenas reflexos das minhas convicções. Se eu não gosto desses resultados, preciso examinar as minhas convicções. Modificando as convicções, obtenho resultados diferentes.

LEE: Nossa! Que interessante! Isso é ótimo. Posso fazer mais duas perguntas?

JOE: Claro.

LEE: Alguém escreveu o seguinte: "Estou atraindo tudo o que eu quero, e desejo atrair coisas boas para outras pessoas também..."

JOE: Muito bom.

LEE: "... O que devo fazer para melhorar a vida das outras pessoas, especialmente aquelas que não acreditam nas coisas que eu aprendi?"

JOE: Bem, a questão tem dois níveis. Adorei a pergunta. Adorei também a atitude dessa pessoa, porque esse é o tipo de preocupação nobre que torna nosso planeta melhor.

LEE: Posso fazer uma observação, antes que você continue?

JOE: Sem problemas.

LEE: Quase todos os clientes que eu atendo já me fizeram essa pergunta.

JOE: É mesmo? Que bom ouvir isso.

LEE: Todos querem saber a resposta.

JOE: Isso significa que o coração deles está aberto. Eles querem mudar o mundo, e não apenas atrair coisas para si mesmos.

LEE: Sim, isso é verdade.

JOE: Bem, a primeira coisa é que não podemos violar o livre-arbítrio das outras pessoas. Temos que deixar que elas decidam por si mesmas. Acreditem, eu adoraria mudar muitas pessoas. É aí que entra a segunda parte da resposta. Como eu já disse, as outras pessoas são uma projeção de mim mesmo.

LEE: Certo.

JOE: Voltamos então ao método do dr. Hew Len. Quando trabalhou com aqueles pacientes mentalmente desequilibrados, ele não ficou tentando mudar nenhum deles. O dr. Hew Len examinou as fichas dos pacientes e sentiu repulsa, porque vários eram assassinos, estupradores ou tinham feito outras coisas horríveis. Ao examinar aquelas fichas, ele percebeu que alguma coisa estava aflorando nele, então aplicou o método ho'oponopono em si mesmo. Depois disso, os pacientes mudaram.

Este é o ponto principal, ou seja, o mundo inteiro está dentro de você. Quando você cura a si mesmo, o mundo exterior fica curado. Você não precisa criar problemas com as outras pessoas. Não precisa ser agressivo com elas. Não precisa achar que elas estão resistindo. Tudo isso na verdade é um reflexo seu. É parte da sua própria resistência.

O dr. Hew Len basicamente olhava para dentro de si mesmo e dizia quatro frases para o que chamarei de Divino – poderia chamar também de Deus, Universo, energia vital, força do estado zero etc. Ele deixava o sentimento que estava sentindo dentro de si se manifestar e repetia: "Eu te amo", "Desculpe", "Por favor, me perdoe" e "Obrigado". Você pode considerar essas palavras um mantra, uma prece, um poema ou qualquer outra coisa que quiser; ele as repetia o tempo todo: "Eu te amo", "Desculpe", "Por favor, me perdoe" e "Obrigado".

Vejam bem, ele não dizia essas palavras para outra pessoa. Ele não as pronunciava em voz alta. Na maioria das vezes, nem sequer olhava para outra pessoa. Ele dizia essas palavras para a energia maior, e não para si mesmo. E repetia várias vezes: "Eu te amo", "Desculpe", "Por favor, me perdoe" e "Obrigado". Na verdade, ele estava simplesmente tentando apagar de dentro de si as convicções que criavam o que ele estava vendo nas outras pessoas.

Enquanto fazia isso – tudo remete à libertação, o segundo passo da palestra que dei no domingo –, enquanto repetia aquelas palavras, ele estava fazendo um pedido ao Divino, como se dissesse: "Não sei de onde vieram essas convicções. Desculpe por tê-las. Eu te amo. Por favor, me perdoe por ter trazido essas idéias à minha consciência. Obrigado. Por favor, me perdoe, eu te amo, obrigado. Desculpe, por favor, me perdoe, obrigado, eu te amo." Simplesmente repetindo essas palavras e mudando a ordem de vez em quando, vocês podem fazer qualquer coisa que quiserem. Se declararem repetidamente "Eu te amo", serão capazes de diluir qualquer forma de negatividade.

Resumindo: não podemos mudar as outras pessoas. Elas têm livre-arbítrio. Mas podemos trabalhar dentro de nós mesmos. Lembrem-se de que as coisas que vemos na realidade, inclusive as pessoas, não passam de projeções.

LEE: Isso é incrível. Fabuloso. A última pergunta que tenho para lhe fazer é a seguinte: "Ouvi outro dia a expressão 'contra-intenção'. O que ela significa? Como posso saber se tenho contra-intenções?"

JOE: Bem, estou contente pelo fato de alguém ter perguntado isso. Também falei sobre esse assunto no domingo, e é possível encontrar mais informações no site www.miraclescoaching.com. De vez em quando também escrevo sobre isso no meu blog. Se você não costuma ler o meu blog, essa é uma boa dica, porque estou escrevendo quase todos os dias. Lá você encontrará novas idéias e informações, e é tudo de graça. Entre em www.mrfire.com e, à esquerda, você verá um link para o meu blog. Vale a pena dar uma olhada.

Vamos então às contra-intenções. A minha maneira predileta de explicá-las é lembrando do dia 1º de janeiro, o primeiro dia do ano. Sem dúvida você tomou algum tipo de decisão. Você provavelmente faz isso todos os anos, e se não fez este ano, certamente já fez alguma vez. As decisões de Ano-Novo podem ser coisas como: "vou passar a ir todos os dias à academia", "vou parar de comer demais", "vou parar de fumar", "vou sair mais vezes" etc. Não sei qual foi a sua decisão, mas você tomou alguma. Quando fez isso, você tinha a melhor das intenções. Já falei sobre como as intenções são poderosas. Você tinha a firme intenção de malhar todos os dias. Mas no dia 2 ou 3 de janeiro, você se esqueceu do endereço da academia.

O que aconteceu? Você tinha uma contra-intenção, uma convicção oculta que era mais forte do que a sua intenção. A intenção que você declarou foi: quero ficar em forma, e para isso vou freqüentar a academia. Mas essa idéia foi posta de lado por uma convicção oculta, uma contra-intenção, que dizia: eu não vou à academia. Não vou malhar, não vou ficar em forma, não importa por que razão.

É dessas contra-intenções que você quer se livrar. Por isso o *Coaching* de Milagres é tão poderoso. Eu utilizo várias técnicas diferentes para me livrar delas e ainda conto com a ajuda de um *Coach*. Para progredir no mundo temos que saber quais são as nossas contra-intenções, nossas convicções limitantes. Elas são sempre negativas.

Na maior parte do tempo, não sabemos quais são as nossas contra-intenções, mas com um pouco de dedicação e ajuda, podemos desenterrá-las, vê-las claramente e nos libertar delas. Para progredir no mundo precisamos fazer isso, porque para mim a única coisa que nos impede de avançar são as nossas próprias convicções. Vivemos em um universo movido pelas convicções. Se as modificarmos, conseguiremos resultados melhores.

LEE: Se modificarmos as nossas convicções, conseguiremos resultados melhores. Adorei essa idéia!

JOE: Eu também! Boa sorte a todos. Persigam os seus sonhos!

Nota: Os meus dois DVDs *The Missing Secret* talvez possam ajudá-lo a entender melhor os conceitos apresentados ao longo do livro e mencionados nesta teleconferência. Para saber mais sobre eles, acesse o site http://themissingsecret.info.

Cinco idéias sobre como atrair dinheiro

Fragmentos de uma teleconferência de Coaching de Milagres

Freqüentemente as pessoas me perguntam como atrair dinheiro. Eis o que digo a elas:
O dinheiro, por si só, é apenas papel e metal. É um suporte sobre o qual imprimimos essa arte maravilhosa. Quando examinamos o dólar, constatamos que ele é extremamente místico. Nele estão gravadas as palavras "*In God we trust*" (Em Deus nós confiamos), apesar de ninguém reparar nem acreditar nelas. Na nota também há o desenho de uma pirâmide, que é muito antigo e carregado de poder e simbolismo. Este símbolo encerra os mais diversos tipos de interpretações. É uma obra de arte impressionante. No entanto, o dinheiro não possui um valor intrínseco. O dinheiro não é nada. O dinheiro é só papel.

Somos nós que atribuímos um significado a ele. E é aí que entram as questões de auto-estima, de poder. Atribuímos vários tipos de significado ao dinheiro.

Meu conselho é que você comece a pensar no dinheiro como se fosse dinheiro do jogo Banco Imobiliário. É divertido. Faz parte do jogo. Mas não determina se você é feliz ou não, se você é digno de mérito ou não. Não tem nada a ver com isso.

Pessoalmente, nunca corro atrás de dinheiro. Nunca valorizo o dinheiro. Eu me concentro na paixão, na diversão, em compartilhar o meu coração, em fazer coisas boas. Às vezes tenho que ficar atento para não esquecer de cobrar pelo que faço, porque é muito fácil para mim dar tudo de presente, mas eu sei que as pessoas só dão valor às coisas quando elas têm um preço. O marketing, por exemplo, depende em grande parte da percepção das pessoas sobre um determinado produto, e essa percepção é influenciada pelo preço que cobramos. Mas tudo isso é artificial, porque a verdade é que o dinheiro, por si só, não é nada. Não tem sentido. É papel. Ele simplesmente tem o significado que atribuímos a ele.

Então, pensando mais uma vez na Lei da Atração, não é interessante que você tenha sentimentos de necessidade, de apego ou de dependência com relação ao dinheiro, porque você estará irradiando essa energia, o que causará um desequilíbrio. Na prática, você estará afastando o dinheiro. Parte de você diz: "Eu quero dinheiro, eu quero dinheiro, quero fazer grandes coisas com o dinheiro", e outra parte diz: "Não quero dinheiro porque o dinheiro é nocivo, as pessoas ricas fazem coisas más, querer mais dinheiro é sinal de ganância." Assim, uma parte de você quer que o dinheiro se aproxime, e outra parte quer que ele se afaste. O que acontece então? Você neutraliza suas intenções e não recebe nada.

Por isso, aconselho que você olhe para o dinheiro como se fosse notas do jogo Banco Imobiliário. Esta é uma questão importante, e alguma orientação será necessária para que você consiga chegar ao fim do processo. O dinheiro não é nada demais. Na verdade, não é nada. É claro que você pode fazer coisas com o dinheiro; ele é um meio de troca, mas só funciona porque as pessoas concordam com relação ao significado dele. O dinheiro em si não tem poderes mágicos. Você tem os poderes mágicos. Sendo assim, a ênfase precisa ser em você e não no dinheiro.

Vou dar mais um conselho sobre como lidar com o dinheiro: concentre-se no que você ama, porque o que todas as pessoas no mundo desejam é amor – elas querem amar e ser amadas. Se você conseguir se concentrar em compartilhar o seu amor com as pessoas que mais precisam, você acabará ganhando dinheiro. Ele chegará como um produto secundário, um efeito colateral. Não virá como resultado de nada que você esteja produzindo diretamente.

E eu sei que, à primeira vista, especialmente se estiver ouvindo isso pela primeira vez, você vai pensar: "Meu Deus, o Joe é maluco. O que ele está dizendo? Não é assim que as coisas funcionam." Bem, eu estou aqui para dizer que é exatamente assim que elas funcionam.

Vou dar outro exemplo. Há bastante tempo, eu afirmei uma convicção. Preste atenção ao que estou dizendo: eu afirmei uma convicção. Conscientemente escolhi acreditar que, quanto mais dinheiro eu gastar, mais dinheiro vou ganhar. Ora, isso não tem um sentido lógico. Se eu disser isso para um contador, um financista ou um banqueiro, todos responderão: "Joe, se você gastar dinheiro, no final terá menos."

Mas estou falando a partir de uma reinterpretação de como o Universo funciona. Quando gasto dinheiro, começo a olhar em volta pensando: "Nossa, eu vou ganhar dez vezes mais dinheiro do que acabei de gastar. Estou curioso para ver de onde este dinheiro todo virá." Assim, sou levado a comprar mais coisas e gastar mais, e como tenho a expectativa de que mais dinheiro vai entrar porque eu estou gastando, ele sempre entra. Cheguei ao ponto de criar causas nobres para poder contribuir com elas. Ajudo outras pessoas, como ajudei a minha família e os meus amigos. Além disso, é claro, posso me dar ao luxo de comprar coisas como um carro de luxo apesar de já ter outros carros e de trabalhar em casa. E olha que não vou de carro a praticamente lugar nenhum.

Tudo isso é possível se você encarar o dinheiro como algo neutro e sentir que a sua auto-estima não depende dele. O dinheiro deve ser menos importante do que a sua satisfação consigo mesmo.

Outro fragmento de uma teleconferência de
Coaching de Milagres

Alguém mandou a seguinte pergunta: "O meu foco está totalmente voltado para as finanças. Isso é bom? As outras áreas da minha vida geralmente são incríveis, mas o dinheiro é, e sempre foi, a questão mais importante para mim."

Bem, em primeiro lugar, é fantástico que geralmente a sua vida seja incrível. Isso é ótimo. Nem todo mundo pode fazer uma declaração desse tipo. Acho isso maravilhoso. Comemore esse fato. Dance nas ruas. Celebre, afinal a sua vida é incrível. Nossa, realmente é muito bom ver declarações assim.

Então o seu foco está voltado para as finanças. Você pergunta se isso é bom? Certamente. Não creio que haja nada de errado com isso. Repito, não acho que o dinheiro seja mau. O dinheiro não é nocivo. Às vezes as pessoas podem usá-lo com um propósito não muito nobre, assim como qualquer ferramenta. Mas eu afirmo que ter dinheiro não é ruim. Se você quer dinheiro para a própria sobrevivência, para ajudar os outros e para distribuir para a sua família e os seus amigos, eu acho isso maravilhoso.

No filme *O segredo*, eu disse como vejo o Universo. Ele é como um grande catálogo que podemos folhear e escolher o que quisermos. Sendo assim, se você deseja dinheiro, certamente pode consegui-lo.

A minha ênfase, no entanto, nunca foi o dinheiro. Sem dúvida eu aprecio a riqueza. Ela está na minha vida. Eu gosto dela. Eu a compartilho. É uma ferramenta maravilhosa. É magnífico ter dinheiro. É incrível possuí-lo. Mas ele não é o centro da minha atenção. Não acho que as coisas funcionem assim, pelo menos não para mim. Talvez outros empreendedores pensem diferente. Talvez pessoas que ganham milhões ou até bilhões vejam o mundo de outra forma. Não sei como elas encaram o dinheiro.

Eu realmente acredito que é fundamental se divertir. Observo o exemplo de alguns dos meus heróis, que ganham mais dinheiro do que eu. Richard Branson, o famoso magnata, diz que está apenas se divertindo. Ele diz sim a tudo na vida. Experimenta todo tipo de coisa, e acreditem, ele está se divertindo a valer.

Agora ele está criando um foguete que vai levar pessoas ao espaço. Acho que cada assento vai custar cem mil dólares. Não está fazendo isso pelo dinheiro, e sim porque é um desafio, porque é divertido. É isso que o seu coração está dizendo para ele fazer.

Pensem também em Donald Trump, o bilionário. Ele nunca diz que quer ganhar dinheiro. Ao contrário, Donald Trump sempre declara: "Adoro fazer negócios." Ele está expressando o seu amor nas transações que faz. Ganha dinheiro em conseqüência delas e, é claro, às vezes não ganha. Esteve endividado, perdeu algumas propriedades e passou momentos difíceis durante algum tempo. Mas repito, a ênfase de Donald Trump não está no dinheiro e sim em fazer o que acha divertido, o que, no caso dele, é fazer negócios.

Já Richard Branson adora encarar novos desafios.

Para mim, o mais importante é fazer o que me apaixona.

Acabo de escrever um livro sobre uma antiga técnica de cura havaiana pela qual estou absolutamente fascinado. O livro se chama *Zero Limits*.

Esse livro está causando um efeito extremamente profundo na minha vida no momento. Tenho me dedicado de corpo e alma a esse processo de mudança, mais do que a qualquer outra coisa que faço. É claro que estou sempre ocupado com vários outros tipos de produtos, projetos, palestras, viagens etc., mas estou bastante focado nisso.

Quando eu me concentro no meu amor e na minha paixão, o dinheiro parece vir naturalmente. Assim sendo, você deve fazer o possível para não se preocupar com as finanças (um *Coach* de Milagres pode ajudá-lo com isso). Descubra quais são as suas dificuldades, examine a situação sem fazer julgamentos e concentre-se na vida incrível que você já está vivendo. Quanto mais você conseguir se concentrar no seu amor, na sua paixão e no seu coração, é mais provável que outras preocupações, como as finanças, simplesmente desapareçam. As preocupações se dissolverão, e o dinheiro começará a aparecer. Um dia, você olhará em volta e dirá: "Não sei de onde está vindo tudo isso, olha só quanto dinheiro eu tenho!"

Resumo

1. O dinheiro, por si só, é apenas papel e metal. É um suporte sobre o qual imprimimos essa arte maravilhosa. No entanto, o dinheiro não possui um valor intrínseco. Somos nós que atribuímos um significado a ele. E é aí que entram as questões de auto-estima, de poder. Atribuímos vários tipos de significado ao dinheiro. Sendo assim, a ênfase precisa ser em você e não no dinheiro.
2. Meu conselho é que você comece a pensar no dinheiro como se fosse dinheiro do jogo Banco Imobiliário. É divertido. Faz parte do jogo. Mas não determina se você é feliz ou não, se você é digno de mérito ou não. Não tem nada a ver com isso. Richard Branson, o famoso magnata, diz que está apenas se divertindo. Donald Trump sempre declara: "Adoro fazer negócios." Ele se concentra no que considera divertido, o que, no caso dele, é fazer negócios.
3. Pessoalmente, nunca corro atrás de dinheiro. Nunca valorizo o dinheiro. Eu me concentro na paixão, na diversão, em compartilhar o meu coração, em fazer coisas boas. Às vezes tenho que ficar atento para não esquecer de cobrar pelo que faço, porque é muito fácil para mim dar tudo de presente, mas eu sei que as pessoas só dão valor às coisas quando elas têm um preço.

4. Então, pensando mais uma vez na Lei da Atração, não é interessante que você tenha sentimentos de necessidade, de apego ou de dependência com relação ao dinheiro, porque você estará irradiando essa energia, o que causará um desequilíbrio. Na prática, você estará afastando o dinheiro.
5. Concentre-se no que você ama, porque o que todas as pessoas no mundo desejam é amor – elas querem amar e ser amadas. Se você conseguir se concentrar em compartilhar o seu amor com as pessoas que mais precisam, você acabará ganhando dinheiro. Ele chegará como um produto secundário, um efeito colateral. Não virá como resultado de nada que você esteja produzindo diretamente.

Tudo isso é possível se você encarar o dinheiro como algo neutro e sentir que a sua auto-estima não depende dele. O dinheiro deve ser menos importante do que a sua satisfação consigo mesmo.

Quando eu me concentro no meu amor e na minha paixão, o dinheiro parece vir naturalmente.

Assim sendo, você deve fazer o possível para não se preocupar com as finanças (um *Coach* de Milagres pode ajudá-lo com isso). Descubra quais são as suas dificuldades, examine a situação sem fazer julgamentos e concentre-se na vida incrível que você já está vivendo. Quanto mais você conseguir se concentrar no seu amor, é mais provável que outras preocupações, como as finanças, simplesmente desapareçam. Um dia, você olhará em volta e dirá: "Não sei de onde está vindo tudo isso, olha só quanto dinheiro eu tenho!"

O que é o Coaching de Milagres?

Se você realmente acredita em si mesmo, você precisa se pôr à prova ousando ser a pessoa que deseja.

— NEVILLE GODDARD

Há cerca de 15 anos, fiz a seguinte promessa: sempre que percebesse que não estava livre, faria instantaneamente alguma coisa a respeito. Para me libertar, costumo recorrer a um dos métodos que você aprendeu neste livro. Geralmente, isso basta. No entanto, admito que há momentos em que eu me sinto atolado na areia movediça da minha mente. Nessas ocasiões, eu procuro ajuda.

Ao longo dos anos conheci pessoas que hoje chamo de *Coaches* de Milagres. Como esse processo dá certo para mim, criei um programa para que outras pessoas também pudessem contar com um *Coach* de Milagres.

Você sabe, eu sou testemunha de como o processo de libertação é importante. No passado, quando eu pensava em ter a vida dos meus sonhos, aquela em que os milagres acontecem todos os dias, eu me detinha. Quem eu estava tentando iludir? Como seria possível ter uma vida assim? Afinal, na época eu morava nas ruas!

Bem, hoje eu sei – e você sabe – que os milagres podem acontecer e realmente acontecem. Eu sei que para chegar lá você precisa libertar-se. Este conceito é um verdadeiro desafio para algumas pessoas. Na verdade, ele envolve três desafios: *conhecer* as maneiras de se libertar, *libertar-se* efetivamente e *permanecer* livre.

Este livro é justamente sobre isso. Nele, apresentei dez métodos que eu conheço para que você também se liberte e permaneça livre.

No entanto, existe algo que pode realmente ajudar no processo de libertação. Como muitas outras coisas na vida, libertar-se e permanecer livre pode ser muito mais fácil se você tiver um pouco de ajuda.

Essa ajuda se chama *Coaching* de Milagres, e consiste em ter um parceiro no processo de libertação.

Muitas pessoas me procuram e perguntam como eu faço para me libertar. Bem, eu faço isso, com êxito, todos os dias. Devo dizer, no entanto, que ter um *Coach* de Milagres me ajudou muito.

Isso se deve ao fato de que o principal benefício de libertar-se é ser capaz de viver o presente, sem nada para atrapalhar. Entretanto, descobri que, muitas vezes, antigas memórias ou convicções a respeito de mim mesmo continuavam a aparecer, independentemente do que eu fizesse.

Às vezes, eu nem sequer tinha consciência de que era isso que estava me atrapalhando. Eu simplesmente tinha a impressão de que nunca conseguia o que queria. Só pensava em como me livrar do que eu não queria. Esta sensação soa familiar para você?

Bem, achei muito mais fácil eliminar essas convicções limitantes que estavam me imobilizando com a ajuda de um *Coach*. Por esse motivo, criei o programa *Coaching* de Milagres.

O *Coaching* de Milagres é uma maneira exclusiva de lidar com o processo de libertação das suas convicções. Alguém ajuda você a enxergá-las, e isso faz a maior diferença.

As pessoas freqüentemente perguntam: "Joe, eu sei que o *Coaching* de Milagres funciona, mas *de que maneira*? O que faz esse programa ser tão eficaz?" A resposta é simples, são as quatro partes do *Coaching* de Milagres que o tornam extremamente poderoso:

1. O projeto e a estrutura do programa.
2. A metodologia do *Coaching* de Milagres.
3. A capacidade dos *Coaches*.
4. A natureza personalizada do programa.

Vamos examinar cada uma dessas partes, que funcionam sinergicamente, para que você possa ir além do que conseguiria realizar sozinho.

O projeto e a estrutura do programa

A estrutura que definimos para o programa leva em conta uma base sólida para a manifestação de milagres:

Tempo: Normalmente, as sessões acontecem semanalmente durante um período de três a seis meses. Esse intervalo de tempo é bastante adequado para que as convicções profundamente arraigadas venham à tona, bem como para que você aprofunde o seu entendimento da Lei da Atração. Além disso, o seu *Coach* fica sempre disponível por e-mail. Caso seja necessário, um *Coaching* extra entre as sessões pode ser marcado a qualquer momento.

Trabalho de campo: Os exercícios e o material que deve ser estudado entre as sessões são fundamentais para o sucesso do programa de *Coaching* de Milagres, pois é aí que os milagres se manifestarão na sua vida. Fazendo esses exercícios, os clientes se envolvem em conversas profundas, que cativam o seu coração e a sua mente. Esse processo dá a eles a capacidade de alterar antigos modos de pensar e estimula a percepção de novas possibilidades para o futuro. Veja o que as pessoas freqüentemente dizem a respeito do trabalho de campo: "Esta parte, por si só, valeu o preço que paguei pelo programa." Ela realmente é poderosa!

Feedback: É importante ter um *feedback* enquanto você pratica o que está aprendendo no programa de *Coaching* de

Milagres. Às vezes simplesmente ouvir que você está no caminho certo é tudo de que você precisa para superar as dúvidas e entrar em ação.

Compromisso e responsabilidade: Quando criei este programa, descobri que para atrair milagres é preciso saber lidar com a própria grandeza com responsabilidade! O *Coaching* de Milagres leva você a desenvolver essa grandeza e essa responsabilidade. Desde o começo, nos acordos básicos que você e o seu *Coach* firmam e também nas promessas feitas durante o programa, o seu *Coach* ajuda você a ser mais responsável (amorosamente, é claro).

O outro lado da moeda é o compromisso dos *Coaches* de Milagres com o seu sucesso. É por isso que eles conversam com você a respeito de assuntos que poderiam, em outras circunstâncias, ser desagradáveis. Esse nível de comprometimento, a disposição de não passar por cima de nada, é um dos maiores presentes que o *Coach* de Milagres pode lhe dar.

Quando alguém está disposto a enfrentar as questões constrangedoras e falar comigo sobre coisas que talvez sejam difíceis de abordar, eu sei que tenho um parceiro de verdade.

O projeto do programa: O mais incrível a respeito deste programa é que cada sessão vai além da anterior, por isso você ganha mais do que um mero entendimento intelectual dos problemas que quer enfrentar. Você pode vivenciar a experiência física e prática que acontece quando você se liberta das suas convicções limitantes. Quando você perceber isso, vai se sentir muito mais leve! É essa leveza e transparência que fazem os milagres se manifestarem na sua vida.

A profundidade e a amplitude do programa são surpreendentes, já que ele possibilita o desenvolvimento tanto dos iniciantes *quanto* das pessoas que já estudam a Lei da Atração há um certo tempo. Você vai se tornar um perito em se libertar das convicções que atrapalham a sua vida.

A metodologia do *Coaching* de Milagres

Recorri a várias fontes diferentes quando criei o programa. Nele você encontrará as ferramentas ensinadas em *The Attractor Factor, O segredo, Zero Limits* e técnicas que ainda não foram publicadas! Acredito que essa ampla variedade de métodos seja responsável pela incrível eficácia do programa. Ele foi testado e os nossos clientes demonstraram que a metodologia do *Coaching* de Milagres cumpre a sua promessa de efetivamente fazer milagres.

A capacidade dos *Coaches*

Os *Coaches* de Milagres são experientes e têm várias influências espirituais diferentes. Cada um deles foi treinado e formado pessoalmente por mim. A capacidade deles é o que faz as pessoas progredirem tão velozmente.

A natureza personalizada do programa

Você já viu um programa de televisão chamado *This is Your Life*? As pessoas iam ao programa e falavam a respeito de alguém, contando o quanto essa pessoa tinha feito por elas e por que deveria ser recompensada. Bem, neste caso, trata-se da *sua* vida, estes são os *seus* milagres e você merece as recompensas que os milagres proporcionam!

O seu *Coach* de Milagres ajuda você a ter essa vida milagrosa.

Ele levará em consideração o ponto em que você está no seu desenvolvimento, o que você deseja alcançar, outros tipos de treinamento que você já teve, o seu estilo pessoal de aprendizado, bem como outros fatores para garantir que o programa seja o *seu* programa.

Por exemplo, as informações podem ser passadas em uma ordem diferente ou em diversos graus de profundidade, dependendo das suas necessidades. O seu *Coach* poderá ainda enfatizar alguns pontos que você já está preparado para aprender, ao contrário de outros clientes.

Todos esses fatores – a estrutura, a metodologia, a capacidade e a dedicação dos *Coaches* e a personalização do programa – fazem com que o programa de fato produza resultados maravilhosos.

Então, quem são os *Coaches* de Milagres?

Quando trabalhava com um *Coach*, era importante para mim saber que ele era inteligente, compassivo, profundamente interessado nas pessoas e que possuía um amplo conhecimento sobre uma grande variedade de assuntos. É por esse motivo que os *Coaches* de Milagres têm formação nas mais diversas disciplinas. Eles chegaram ao programa através de muitos caminhos. São escritores, artistas, líderes de negócios, gurus de administração, especialistas em marketing e em treinamento. Todos estão empenhados em passar para os outros o que aprenderam ao longo de uma vida inteira.

Descobri com o tempo que a capacidade do *Coach* de Milagres aliada ao empenho do cliente em produzir resultados cria a possibilidade de que coisas incríveis e milagrosas aconteçam.

Se você quer fazer milagres e deseja um parceiro que o ajude a se libertar do seu passado e criar um futuro maravilhoso, procure o *Coaching* de Milagres.

Para maiores informações, visite o site www.miraclescoaching.com.

Bônus: Os fundamentos da liberdade emocional

17 maneiras de se livrar dos pensamentos e sentimentos indesejáveis

Peter Michel
www.emotionalfreedom101.com

O que são os sentimentos?

Os sentimentos são programas (como programas de computador) criados pela mente como se fossem *pró*-sobrevivência. No entanto, na verdade, eles são todos *anti*-sobrevivência, pois nos mantêm agindo e reagindo a partir do que aconteceu no passado. Devemos, ao contrário, ser capazes de responder no momento presente. Eles prejudicam a nossa responsabilidade, a nossa capacidade de discernir. Quando os nossos sentimentos são intensos, podemos até deixar de enxergar um trem avançando na nossa direção. Os sentimentos podem nos dominar completamente. Com freqüência, eles *nos governam* em vez de serem *controlados por nós*. Todos esses programas têm origem em um único elemento: o *desejo*, o sentimento de *carência*.

Onde estão os sentimentos?

Os sentimentos pertencem à mente, porém se manifestam no corpo como sensações de energia. O corpo é uma extensão (ou condensação) da nossa mente e do nosso modo habitual de pensar. Nada pode aparecer no corpo se não tiver passado pela mente em algum momento anterior. O nosso corpo é mais ou menos como o corpo que criamos nos sonhos. Enquanto sonhamos, nosso corpo parece extremamente real, mas quando acordamos, percebemos que ele só existia na nossa mente. O mesmo acontece quando sonhamos acordados. Os devaneios, aliás, podem se tornar verdadeiros pesadelos por causa das emoções mal administradas.

O corpo é como um reflexo da mente. Assim, podemos reconhecer o nosso estado mental por intermédio das sensações que sentimos. Nosso corpo está tenso ou relaxado? Ele nos transmite uma sensação boa ou má? O medo está presente? Sentimos um embrulho no estômago? Sentimos uma pontada no peito? Ou sentimos que a mente e o coração estão confiantes, e o corpo descontraído? A nossa respiração está breve, tensa e superficial, ou longa, lenta, relaxada e profunda?

De quem são esses sentimentos?

Os nossos sentimentos pertencem aos nossos pais? Ao nosso vizinho? Ao nosso filho ou cônjuge? De quem são os sentimentos que você experimenta no corpo? São *seus,* é claro! Isso é muito bom. Significa que se você não gosta deles, pode fazer alguma coisa a respeito.

Por que se libertar dos sentimentos?

Provavelmente você quer ser feliz. Você quer se sentir livre. Você deseja paz e abundância na sua vida.

Abandonar os sentimentos negativos acumulados tranqüiliza a mente, elimina a programação de auto-sabotagem, atrai sem esforço a abundância e nos traz uma felicidade constante.

Queremos reprimir e acumular os nossos sentimentos limitantes de carência ou estamos dispostos a nos libertar deles e removê-los do nosso sistema corpo-mente, permitindo que ele funcione impecavelmente como um supercomputador? A escolha é sempre nossa.

Quase todas as doenças estão associadas ao estresse. Todos os problemas vêm do sentimento de carência no conjunto corpomente. As dificuldades de relacionamento são geradas a partir de sentimentos negativos, não-amorosos, que reprimimos e mais tarde extravasamos para os nossos amigos, familiares e parceiros.

Então, o que você quer? Acumular os sentimentos negativos e atrair mais carência, doenças e desarmonia? Ou se libertar deles e experimentar mais abundância, saúde e amor?

Quando posso me libertar dos meus sentimentos indesejáveis?

Só existe um momento adequado para lidar com os nossos sentimentos: *agora*.

Embora a nossa mente possa saltar para trás e para frente naquilo que chamamos de tempo, só podemos entrar em contato com os nossos sentimentos no momento presente. Quando ficamos atentos ao que está acontecendo aqui e agora, conseguimos lidar com os nossos sentimentos como *energia*.

Podemos até pensar: "Mais tarde lidarei com estes sentimentos", só que geralmente esse "mais tarde" nunca chega. Então por que não se libertar dos seus sentimentos agora mesmo, no momento em que você está sentindo, em vez de continuar carregando eles de um lado para o outro?

E os sentimentos positivos? Por que eu iria querer me livrar deles?

Não existem sentimentos positivos ou negativos. Existe apenas energia emocional (e-moção = energia em movimento) que é rotulada de positiva ou negativa.

Entretanto, para que você possa entender melhor o que estou dizendo, vamos partir do princípio de que existem sentimentos positivos e negativos.

Quando você se liberta dos sentimentos negativos, você se sente mais livre, mais leve e mais feliz à medida que esses sentimentos *diminuem*.

Quando você se liberta dos sentimentos positivos, você se sente mais livre, mais leve a mais feliz à medida que esses sentimentos *aumentam*.

Assim sendo, quando você trabalha para sua libertação emocional...

Os sentimentos negativos diminuem.

Os sentimentos positivos aumentam.

É um bom negócio, não é mesmo?

O que realmente acontece é que você simplesmente remove as coisas que estão encobrindo o seu verdadeiro eu, que é a própria expressão da felicidade.

Os sentimentos encobrem a nossa verdadeira natureza e a turvam. Fazem com que olhemos para longe do ser perfeito, inteiro e completo que somos.

Os pensamentos e os sentimentos estão em constante transformação. Eles são fenômenos também. Vêm e vão como as condições atmosféricas. Quando você se liberta, consegue ir *além* do mundo limitado dos fenômenos; você atinge a esfera do *noumenon*, que é o estado fundamental do ser, às vezes chamado também de consciência. Esse é o "Eu" puro a que nos referimos quando dizemos a alguém: "Eu sou..."

Você já se perguntou o que é esse "Eu" puro quando ele não está vinculado a um rótulo ou associado a outras coisas? É a essência pura, imaculada, inalterada, eternamente feliz, em paz e livre. É o ser que nós *somos*.

Lester Levenson disse o seguinte: "A maneira mais fácil de entrar em contato com o Ser (Deus) é por intermédio da capacidade do coração de sentir o 'Eu', ou o 'Eu sou', sem o acréscimo de mais nada. Essa é a capacidade de sentir o próprio Ser, o

Ser Interior, o 'Eu' Verdadeiro. No momento em que acrescentamos qualquer coisa, como 'Eu sou bom ou mau'; 'Eu sou pobre ou rico'; 'Eu sou grande ou pequeno'; ou 'Eu sou isso e aquilo', estamos impondo uma limitação ao 'Eu sou' e criando o ego." Todos os sentimentos positivos são na verdade o estado primordial da nossa própria existência. Entramos em contato com ele quando nos libertamos dos sentimentos que o encobrem. Quando renunciamos às nossas emoções, a mente se acalma e esse sentimento inato do "Eu" (a felicidade) torna-se automaticamente óbvio para nós. No entanto, freqüentemente atribuímos a causa dessa felicidade a uma pessoa, lugar ou coisa que julgamos "nos ter feito feliz". O que efetivamente aconteceu foi que um desejo se tornou realidade. Quando isso ocorre, a mente se acalma e redescobrimos o nosso próprio ser. Imaginamos então que alguma outra coisa ou pessoa provocou esse sentimento: "Estou tão feliz por estar apaixonado por ela." "Esse dinheiro me deixou muito feliz." "Estou extremamente feliz por ter comprado este carro novo, conseguido este emprego, ganhado este prêmio, ficado famoso etc." Mas esse nunca é o caso.

Vou contar uma breve história que enfatiza esse ponto: Um cachorro encontrou um osso e pensou: "Humm, que osso delicioso!" Ele então pegou o osso com os dentes, mastigou-o ruidosamente, e o osso se quebrou em pedaços afiados na sua boca. Era um osso muito velho! Os fragmentos cortaram a gengiva do cachorro, que começou a sangrar. Enquanto a sua boca sangrava, ele provou o próprio sangue e atribuiu o gosto ao osso, pensando: "Uau, este é mesmo um osso muito saboroso. Mas como ele machuca!" Em seguida, o cão passou a morder com mais força, sentindo mais gosto de sangue e mais dor. Essa situação parece familiar?

Na verdade, estamos atrás do nosso próprio "sangue", da nossa consciência pura e silenciosa, que vai muito além dos nossos pensamentos e sentimentos limitados. Os sentimentos só surgem quando retornamos à esfera da mente e pensamos:

"Nossa, foi muito bom ficar por um instante sem esses pensamentos dolorosos!" A mente é incapaz de compreender a paz do nosso verdadeiro eu. A sua função é identificar sempre um determinado estado ("Estou me sentindo feliz", "Estou me sentindo triste" etc.). Ela rotula e faz julgamentos. No momento em que rotulamos e julgamos, deixamos de viver o presente. Passamos a pensar sobre nossas experiências. É como contemplar a imagem de um morango em vez de mordê-lo e sentir seu gosto.

Como percebemos os nossos sentimentos?

Os sentimentos podem se expressar através de sensações físicas. Por exemplo:

- Disposição
- Calor
- Formigamento
- Pressão
- Tonteira
- Coceira
- Dor
- Bocejo (energia em movimento)
- Tensão
- Rigidez
- Aperto
- Leveza
- Peso
- Entorpecimento

O que eu devo fazer para me libertar dos meus sentimentos?

Existem muitas maneiras diferentes de se libertar de pensamentos ou sentimentos indesejáveis. Vou apresentar 17 técnicas, mas existem várias outras.

Qual é a melhor e mais rápida maneira de se libertar emocionalmente?

A melhor maneira que eu conheço é através da Técnica de Libertação, que é ensinada no Curso de Prosperidade.

Essa técnica pode ser aprendida em uma aula ao vivo, um seminário em CDs para ser ouvido em casa ou um livro. Não recomendo que você tente aprender a técnica somente lendo o livro, pois se você assimilar apenas um conhecimento mental não obterá muitos benefícios. A orientação de um professor experiente é crucial para que você possa aprender o máximo. O livro, no entanto, se torna uma excelente referência depois que você assistiu à aula ao vivo ou ouviu as lições de áudio.

A maioria das técnicas que apresento nesse texto *não* faz parte do Curso de Prosperidade, embora todas tenham sido testadas na prática e consideradas extremamente eficazes na libertação das emoções bloqueadas e indesejadas que causam um sofrimento desnecessário e atrapalham o nosso discernimento.

Descobri essas técnicas ao longo dos anos que passei estudando as emoções e a capacidade que temos de nos libertar delas. Procuro sempre atribuir o crédito a quem merece, mas talvez eu não me lembre do nome de todas as pessoas que me ensinaram essas técnicas, principalmente as que aprendi há muitos anos. Se você for uma dessas pessoas, por favor aceite as minhas desculpas e saiba que a sua contribuição foi muito apreciada.

As características específicas das técnicas que ensinarei não são muito importantes. O mais importante é a praticidade e a eficiência.

A Técnica de Libertação atinge a raiz do problema, em vez de tratar de cada emoção negativa isoladamente. Trata-se de uma técnica única, que permite que as pessoas identifiquem a origem dos seus problemas emocionais e se livrem rapidamente deles, sem perder tempo tentando compreendê-los.

Por que atingir a raiz das emoções?

Se você não atingir a raiz das emoções, estará gerando cada vez mais negatividade, carência e limitação. Se você atingir a causa básica das emoções, acalmará a mente com muita rapidez, impedindo que as emoções voltem a aparecer. Com o tempo, a sua mente ficará totalmente tranqüila.

Como assim? Eu descrevo essa tranqüilidade como a paz de estar na esquina de uma rua no meio do nada às três horas da manhã cercado pela neve que acaba de cair. Tudo está calmo; tudo está luminoso. Esse é o estado natural da pura percepção consciente, que surge quando a mente se aquieta.

Vou dar um exemplo de como o processo funciona:

Você já viu os porta-pratos com molas que algumas lanchonetes têm? Você pega um prato e em seguida outro vem para a sua mão; você pega o outro prato e mais um aparece, e assim por diante. Bem, os nossos sentimentos são assim, eles não acabam se a raiz deles não for atingida. Entretanto, se você remover a raiz, é como se estivesse pegando pilhas de pratos de uma vez só. O resultado é que você chega muito mais rápido ao estado de paz e quietude interior, e os seus sentimentos param de se regenerar tão depressa.

Como extrair o máximo desse texto

Quando você perceber que está com um pensamento ou sentimento indesejado, examine a lista das 17 técnicas e escolha a mais adequada para o momento.

Esta lista é uma caixa de ferramentas para você se libertar. Ela não tem como objetivo ser um guia completo e abrangente da libertação, mas oferece algumas maneiras maravilhosas de se libertar.

Nem todo mundo se liberta da mesma maneira. Às vezes a mente resiste a uma determinada abordagem, mas uma outra é capaz de ajudá-la a se desfazer dos sentimentos negativos (programas anti-sobrevivência). A mente retém esses sentimentos negativos achando que está nos protegendo. No entanto, se você observar o número de vezes que as suas emoções destrutivas sabotaram a sua vida, a sua saúde, as suas finanças e os seus relacionamentos, você rapidamente perceberá que a mente não fez um trabalho tão bom assim. Em vez disso, enfatizando o medo e a negatividade, a sua mente manteve você concentrado no que *não* deseja para a sua vida. Isso fez com que você atraísse para a sua vida as coisas que você não quer. As técnicas que vou ensinar revertem essa tendência, fazendo com que você se liberte das emoções negativas e se concentre mais nas coisas que você *efetivamente* deseja para atrair uma maior quantidade delas.

Perguntas e respostas sobre a libertação

P: *Como posso saber se estou realmente me libertando?*
R: Faça uma reflexão. Antes de iniciar o processo de libertação, é interessante medir a intensidade dos seus sentimentos em uma escala de 0 a 10 – 0 significa que você está calmo e relaxado, e 10 indica a existência de emoções intensas e indesejáveis. Em seguida, depois de executar os passos de libertação, faça uma nova avaliação dos seus sentimentos nessa mesma escala. Você notará que a intensidade deles diminuiu visivelmente.

Fazer isso antes e depois do processo de libertação ajuda você a confirmar que está efetivamente livre dos sentimentos negativos. Isso é importante, pois a sua mente tentará fazer com que você continue agarrado a eles. A mente freqüentemente nos engana e nos leva a pensar que nada está acontecendo ou que não estamos indo a lugar nenhum. Ela vai tentar fazer com que você desista. Essa escala proporcionará a você uma maneira de medir a sua evolução.

P: *Sinto que estou imobilizado... E agora?*

R: Abandone a vontade de mudar o sentimento de imobilidade ou de livrar-se dele. Ele irá embora naturalmente.

P: Não sinto nada. Como posso me libertar do que não consigo sentir?

R: Você não pode. Precisa primeiro sentir o sentimento para depois se libertar dele. Você não precisa sentir toda a carga ou intensidade dele, mas precisa pelo menos trazer parte desse sentimento para a sua percepção consciente. Às vezes refreamos os nossos sentimentos por tanto tempo e vivemos de modo tão racional que nos esquecemos do que significa sentir. Desse modo, freqüentemente as pessoas estão muito reprimidas no início. É uma resistência que encobre e protege os sentimentos. Simplesmente aceite quaisquer sentimentos, mesmo os vazios ou inexpressivos. Eles também são sentimentos. Tome consciência deles e desista da idéia de querer modificá-los. Eles se deslocarão e revelarão sentimentos mais profundos que estão sendo reprimidos. Quando estes últimos vierem à tona, utilize as técnicas de libertação.

P: E se eu estiver me tratando com um terapeuta por causa de um problema mental ou emocional?

R: As técnicas não substituem a terapia, mas podem atuar como um complemento bastante poderoso. Você deve consultar o seu terapeuta antes de fazer qualquer um dos exercícios. Alguns deles podem liberar uma grande quantidade de energia emocional, o que talvez seja opressivo caso você já esteja trabalhando com suas emoções. Se você estiver tomando medicamentos, pergunte ao médico se ele pode reduzir a dose, pois os remédios freqüentemente reprimem os sentimentos, o que não é bom se você estiver tentando trazê-los à tona para se libertar.

P: Quando me liberto de um sentimento, outro sentimento mais profundo parece surgir...

R: Os nossos sentimentos muitas vezes são reprimidos em camadas, como uma cebola. Quando descascamos uma camada encontramos outra, mais profunda, debaixo dela. Siga em frente, e você ficará cada vez mais leve. A maneira mais rápida de atravessar todas as camadas é utilizando a Técnica de Libertação, que ensina você a atingir a raiz de todos os problemas emocionais e faz com que se liberte com facilidade de grandes blocos de emoções.

As técnicas

Está pronto?
Então vamos começar.
Para cada técnica, darei um exemplo passo a passo. Assim você entenderá como ela funciona com maior clareza. As repetições têm como objetivo fazer com que você se acostume ao processo básico. Você deve realmente entrar em sintonia com a energia do sentimento, em vez de apenas rotulá-lo intelectualmente.

Fundamentos da Liberdade Emocional: 17 maneiras de se libertar dos pensamentos e sentimentos indesejáveis

1. Aceite o sentimento

Aceitar um sentimento é o oposto de resistir a ele. Ao fazer isso, você dissolve a resistência que normalmente mantém os sentimentos reprimidos e imobilizados.

Eis algumas instruções práticas e simples de como aceitar os seus sentimentos:

1. Abaixe a cabeça e coloque a mão no estômago ou no peito para *sentir* mais facilmente o sentimento.
2. Conscientize-se do sentimento no seu corpo.
3. Classifique o sentimento em uma escala de 0 a 10.
4. Assuma uma atitude positiva. Acolha o sentimento da mesma maneira como você receberia um amigo na porta da sua casa. Simplesmente seja receptivo ao sentimento e permita que ele entre, atraindo-o para a sua percepção. Não rejeite o sentimento nem evite a sensação que ele transmite.
5. Ao acolher com prazer o sentimento anteriormente indesejado, você verá que ele se reduz e se dissolve, porque você deixou de resistir a ele.
6. Avalie novamente o sentimento numa escala de 0 a 10. Ele se tornou menos intenso? Se este for o caso, você está avançando na direção certa. Prossiga até poder classificá-lo como zero. Se ele não estiver diminuindo, repita os passos ou experimente outra técnica.

2. Mergulhe no sentimento

Quando você mergulha na essência de qualquer sentimento, duas coisas podem acontecer:

Se o sentimento for negativo, como a raiva, o pesar ou o medo, ele em geral se dissolverá instantaneamente.

Se for positivo, como a paz, o amor ou a gratidão, ele se intensificará.

Este exercício segue o mesmo princípio do primeiro, mas é um pouco diferente:

1. Abaixe a cabeça e coloque a mão no estômago ou no peito para *sentir* mais facilmente o sentimento.
2. Conscientize-se do sentimento no seu corpo.
3. Classifique o sentimento em uma escala de 0 a 10.
4. Ao conscientizar-se do sentimento no seu corpo, mergulhe nele, ou seja, leve a sua percepção para a essência do sentimento.
5. O que está percebendo? Que *sensação* está sentindo?
6. Se você realmente mergulhar no seu sentimento em vez de apenas pensar a respeito dele, perceberá que ele ficará menos intenso ou evaporará (talvez até desapareça totalmente). Nada mais estará mantendo esse sentimento coeso. Ele era sustentado pela resistência feita a ele. Quando nos conscientizamos da essência do sentimento, ele se dissolve.
7. Avalie novamente o sentimento numa escala de 0 a 10. Ele se tornou menos intenso? Se este for o caso, você está avançando na direção certa. Prossiga até poder classificá-lo como zero. Se ele não estiver diminuindo, repita os passos ou experimente outra técnica.

Quando deixamos de resistir aos nossos sentimentos eles vêm e vão sem esforço, enquanto nós permanecemos receptivos e livres.

3. Aumente o sentimento mentalmente (duplique o sentimento)

Por que você iria querer aumentar ou duplicar mentalmente a intensidade de um sentimento?

Porque se você fizer isso, ele se dissolverá.

Trabalhei em uma clínica holística, a maior da Costa Leste dos Estados Unidos. O diretor da clínica, que era um médico acupunturista, especializado em medicina oriental, me disse certa vez que a melhor maneira de nos livrarmos de uma câimbra repentina na perna é "agarrá-la e comprimi-la para expulsar o demônio". Ele explicou que se temos um estado *yang* (tensão) e aplicamos mais *yang* (mais tensão), ele se inverterá e se transformará em um estado *yin* (relaxamento). Experimentei o que ele disse, e realmente deu certo. E o melhor é que também funciona com os sentimentos! É o mesmo princípio!

Eis como aplicar essa técnica:

1. Abaixe a cabeça e coloque a mão no estômago ou no peito para *sentir* mais facilmente o sentimento.
2. Conscientize-se do sentimento no seu corpo.
3. Classifique o sentimento em uma escala de 0 a 10.
4. Agora, deixe que ele aumente de intensidade ou duplique.
5. Aumente mentalmente o sentimento cada vez mais.
6. À medida que você for aumentando mentalmente o sentimento, perceberá que ele diminuirá ou se dissolverá.
7. Avalie novamente o sentimento numa escala de 0 a 10. Ele se tornou menos intenso? Se este for o caso, você está avançando na direção certa. Prossiga até poder classificá-lo como zero. Se ele não estiver diminuindo, repita os passos ou experimente outra técnica.

Esta técnica funciona por dois motivos:

1. De acordo com a física quântica, duas coisas não podem ocupar o mesmo espaço ao mesmo tempo. Quando você tenta colocar simultaneamente o sentimento e *uma quantidade maior* dele no mesmo lugar, as duas coisas se neutralizam e se dissolvem.
2. A não-resistência também ajuda a dissolver o sentimento. Quando você está tentando aumentar a intensidade do

sentimento, você não está mais resistindo a ele. Isso faz com que ele venha à tona, passe por você e se dissolva sem esforço.

4. Desista de querer que o sentimento vá embora

Em geral, quando não gostamos de um sentimento ou de um pensamento, lutamos contra ele. Resistimos e tentamos mandá-lo embora. Isso, na verdade, faz com que nos agarremos ainda mais a ele.

Quando você desiste de querer que o sentimento vá embora, quando abre mão de controlar uma sensação indesejada e confusa, você possibilita que ela se modifique e se dissolva, e finalmente fica livre. Desistir de "querer mudar" faz com que qualquer energia emperrada volte a fluir.

1. Abaixe a cabeça e coloque a mão no estômago ou no peito para *sentir* mais facilmente o sentimento.
2. Conscientize-se do sentimento no seu corpo.
3. Classifique o sentimento em uma escala de 0 a 10.
4. Repare como você não gosta do sentimento e como deseja se livrar dele.
5. Desista de mudá-lo ou de querer se livrar dele, apenas por um momento.
6. Você perceberá que ele imediatamente diminuirá de intensidade ou se modificará completamente.
7. Avalie novamente o sentimento numa escala de 0 a 10. Ele se tornou menos intenso? Se este for o caso, você está avançando na direção certa. Prossiga até poder classificá-lo como zero. Se ele não estiver diminuindo, repita os passos ou experimente outra técnica.

Querer mudar ou controlar o sentimento significa se concentrar na "ausência de mudança", o que faz com que ele fique emperrado.

Ao desistir de querer mudar os pensamentos ou sentimentos, você está deixando que eles voltem a fluir.

5. Sinta o amor

1. Abaixe a cabeça e coloque a mão no estômago ou no peito para *sentir* mais facilmente o sentimento.
2. Conscientize-se do sentimento no seu corpo.
3. Classifique o sentimento em uma escala de 0 a 10.
4. Conscientize-se dos sentimentos não-amorosos que você nutre com relação ao seu sentimento.
5. Tome a decisão de sentir amor pelo seu sentimento.
6. Sinta amor por si mesmo e pelo seu sentimento:
   1. Diga "Eu te amo" para o sentimento.
   2. Permita-se sentir amor pelo seu sentimento.
   3. Em seguida, sinta amor por si mesmo enquanto sente o seu sentimento.
7. Diga "Sim" para qualquer pensamento ou sentimento que possa surgir na sua mente.
8. Avalie novamente o sentimento numa escala de 0 a 10. Ele se tornou menos intenso? Se este for o caso, você está avançando na direção certa. Prossiga até poder classificá-lo como zero. Se ele não estiver diminuindo, repita os passos ou experimente outra técnica.

Os quatro aspectos do amor são o consentimento, a aceitação, a aprovação e o reconhecimento. Escolha um (ou mais) desses aspectos e sinta-o pelos seus sentimentos.

A resistência congela sempre os sentimentos.

O consentimento, a aceitação, a aprovação e o reconhecimento derretem os sentimentos congelados, possibilitando que eles circulem e a energia flua.

O amor sempre descongela e dissolve os sentimentos endurecidos, emperrados e limitantes, assim como uma faca aquecida penetra facilmente na manteiga.

Este exercício fará com que você recupere a energia que inconscientemente investiu nos seus sentimentos na época em que você resistia ou lutava contra eles.

6. Reconheça e afaste os sentimentos indesejados

Este exercício é muito semelhante ao anterior, só que a ênfase, neste caso, é no reconhecimento do sentimento:

1. Abaixe a cabeça e coloque a mão no estômago ou no peito para *sentir* mais facilmente o sentimento.
2. Conscientize-se do sentimento no seu corpo.
3. Classifique o sentimento em uma escala de 0 a 10.
4. Sinta gratidão pelo sentimento e diga "Obrigado" para ele.
   - Por que sentir gratidão pelo sentimento? Em primeiro lugar, esse sentimento negativo está presente porque você sente que ele está ajudando você de alguma maneira. Talvez ele deixe você seguro de algum modo. No entanto, somente os sentimentos positivos podem realmente oferecer segurança. Os sentimentos negativos só atraem mais negatividade. Assim sendo, sentir gratidão pelo sentimento o conduz na direção da positividade.
   - Você não pode se sentir abençoado e azarado ao mesmo tempo. Você não pode alimentar simultaneamente um sentimento de gratidão e outro de negatividade. Sendo assim, este último se dissolve.
5. Avalie novamente o sentimento numa escala de 0 a 10. Ele se tornou menos intenso? Se este for o caso, você está avançando na direção certa. Prossiga até poder classificá-lo como zero. Se ele não estiver diminuindo, repita os passos ou experimente outra técnica.

7. Simplesmente abandone o sentimento

Esta é uma das maneiras mais simples e rápidas de se libertar de um sentimento indesejado.

Faça o seguinte:

1. Pegue uma caneta.
2. Segure a caneta firmemente.
3. Aperte a caneta contra o seu estômago, peito ou qualquer outro lugar de onde esteja vindo o sentimento.
4. Sinta a tensão da sua mão enquanto segura a caneta até que essa sensação se torne quase desagradável.
5. É assim que nos agarramos aos nossos sentimentos.
6. Agora, estenda o braço para frente, ainda segurando com força a caneta, e vire a palma da mão para o chão.
7. Relaxe os dedos e solte a caneta.
8. Viu como foi fácil? Você pode soltar com a mesma facilidade *qualquer* sentimento indesejável.

Os sentimentos nunca se prendem a nós. Na verdade, somos nós que os seguramos. Eles querem apenas circular com a energia. Somos nós que limitamos os sentimentos e nos agarramos a eles. Assim sendo, deixe os sentimentos circularem!

8. Faça comparações conscientes

Nós nunca nos prejudicaríamos ou limitaríamos intencionalmente; entretanto, fazemos isso todos os dias de um modo inconsciente.

Ao tornar o inconsciente consciente, passamos a enxergar o que estamos fazendo e tendemos a nos livrar espontaneamente daquilo que não nos serve.

Na verdade, é a consciência que torna possível a libertação. Fazer comparações conscientes nos mostra que não somos os nossos sentimentos, que os nossos sentimentos não nos controlam e que podemos nos agarrar a eles ou deixá-los ir embora.

Apresento agora uma série de perguntas que você pode fazer a si mesmo para desobstruir a sua consciência. Esse é um exercício que requer atenção. Ele usa a mente para superar as limitações.

Depois de fazer cada pergunta para si mesmo, pense no que você realmente quer.

1. Quando eu penso a respeito de _____ (preencha com um problema ou situação que lhe cause estresse), eu me sinto positivo ou negativo? *Escolha conscientemente ser positivo.*
2. Eu sou livre ou estou aprisionado? *O que você escolhe?*
3. Eu sinto amor ou medo? *O que você escolhe?*
4. Eu estou em dúvida ou tenho fé? *O que você escolhe?*
5. Eu sinto prosperidade ou carência? *O que você escolhe?*
6. Eu prefiro a unidade ou a separação? *O que você escolhe?*
7. Eu prefiro a paz ou a desordem? *O que você escolhe?*
8. Eu quero a liberdade e o bem-estar ou prefiro ficar aprisionado? *O que você escolhe?*
9. Eu estou em paz com esta pessoa/sentimento/problema ou em antagonismo com ela(e)? *O que você escolhe?*
10. Eu digo "Sim" ou "Não" para _____ (a prosperidade, eu mesmo, a liberdade, a minha meta etc.)? *O que você escolhe?*
11. Eu aceito ou rejeito as coisas? *O que você escolhe?*
12. Eu estou aberto ou fechado? *O que você escolhe?*
13. Eu estou tranqüilo ou tenso? *O que você escolhe?*
14. Prefiro ser livre ou viver com restrições? Ser feliz ou infeliz? Estar em paz ou com medo? Sentir-me seguro ou inseguro? *O que você escolhe?*
15. Eu estou me agarrando a alguma situação ou deixo as coisas fluírem? *O que você escolhe?*
16. Eu estou sendo generoso com os outros e com a vida, ou estou exigindo que os outros façam coisas por mim? *O que você escolhe?*
17. Eu sinto interiormente a quietude ou a confusão? *O que você escolhe?*

9. Seja como o céu

A natureza pode nos despertar para a *nossa* verdadeira natureza.

1. Olhe para o céu.
2. Você percebe algumas nuvens flutuando, ou o céu está completamente limpo?
3. Repare como o céu não agarra as nuvens (nem os pássaros, aviões, satélites etc.), e tampouco tenta forçá-los a ir embora. Ele não aprova nem rejeita nada. O céu simplesmente é o que é – um espaço aberto.
4. Sinta a limpeza e a abertura do céu.
5. Observe o que essa abertura desperta em você – um estado de consciência mais profundo e mais amplo.
6. Se surgirem pensamentos ou sentimentos, simplesmente observe-os enquanto eles passam flutuando como as nuvens. Contemple-os sem nenhum apego ou desejo de se livrar deles. Deixe simplesmente que eles passem pela sua mente.
7. Lembre-se sempre da sensação de abertura dentro de você. Ela é como o céu.

10. Deixe os sentimentos fluírem com a correnteza

A nossa mente com freqüência nos arrasta, como se fosse a correnteza de um rio caudaloso.

Não precisamos segui-la.

Da próxima vez em que você notar que está sendo arrastado por pensamentos ou sentimentos indesejados, experimente o seguinte:

1. Na sua imaginação, ajoelhe-se na margem de um rio caudaloso.
2. Sinta a força dos seus sentimentos dentro de você.
3. Jogue esses sentimentos no rio.

4. Deixe que eles sejam levados pela correnteza.
5. Imagine os sentimentos ou preocupações correndo para o mar e se dissolvendo na imensidão do oceano.
6. Leve a consciência de volta para dentro do seu corpo sereno e silencioso, sente tranqüilamente na margem do rio, livre das emoções perturbadoras.
7. Caso surjam mais emoções, continue a jogá-las no rio, deixando que sejam levadas para o oceano, até que o seu silêncio interior seja completo.

11. Pare de condenar a si mesmo

Muitas pessoas ficam o tempo todo condenando os próprios sentimentos.

Essa atitude é o mesmo que fraturar a perna e ficar golpeando o machucado com uma vara. Isso não faz a perna melhorar! Faz apenas com que ela doa mais e piore.

Quando você perceber um sentimento indesejado, faça o seguinte:

1. Identifique a energia negativa que o leva a condenar a si mesmo.
2. Acolha essa energia positivamente.
3. Comece a abandonar a energia e a aceitar a si mesmo.
4. Faça isso várias vezes, até que a energia negativa da condenação desapareça.
5. Todos os dias faça uma pausa para refletir sobre a condenação de si mesmo. Escolha libertar-se e veja a condenação desaparecendo.

Tentar avançar e sentir mais amor ao mesmo tempo em que condenamos a nós mesmos é como dirigir um carro com o freio de mão puxado. Não dá para sentir amor e se condenar ao mesmo tempo, embora muita gente tente fazer isso.

Depois de se libertar da energia da condenação, você poderá dar um passo além e aceitar a si mesmo.

12. Aceite a si mesmo

Aceite incondicionalmente a si mesmo. Você merece a felicidade simplesmente por respirar e estar vivo!
O que significa aceitar a si mesmo? Significa gostar de si mesmo sinceramente.
Se você achar isso difícil, volte ao exercício anterior e se livre completamente da autocondenação.
Vou apresentar agora um método que aprendi com Kam Bahkshi, um especialista na Técnica de Libertação:

1. Comece com um pouquinho de aceitação, uma quantidade mínima, que caiba em um dedal. Derrame-a sobre a sua cabeça e deixe que a aceitação se infiltre.
2. Depois de assimilar um pouquinho de aceitação, se aceite ainda mais, aumentando a quantidade para uma xícara de café.
3. Em seguida, deixe a aceitação crescer, aumentando a quantidade dela para uma caneca cheia.
4. Agora você tem um balde de aceitação.
5. Não pare por aí, encha uma banheira inteira de aceitação.
6. Agora, sinta uma cachoeira de energia positiva de aceitação.
7. Olhe para os lados e veja um lago de energia positiva de aceitação.
8. Finalmente, permita que o lago se torne um oceano de aceitação.
9. Mergulhe nesse oceano de pura aceitação e fique boiando nele.
10. Deixe a aprovação entrar em cada célula do seu corpo. Fique emerso nesse mar imenso.

13. Deixe a energia negativa flutuar para fora do seu corpo

Aprendi esse método para me aliviar da dor de cabeça. Eu o considero muito eficaz, pois não tenho mais dores de cabeça. Você pode usá-lo para se libertar de qualquer tipo de dor. Ele também é bastante eficaz quando aplicado aos sentimentos indesejáveis.

1. Sinta o sentimento (ou a dor) indesejado(a) no corpo.
2. Observe que a área onde o sentimento está parece coberta de uma energia vermelha e luminosa.
3. Coloque essa energia dentro de uma bolha.
4. Deixe que bolha suba e saia do seu corpo.
5. Contemple-a enquanto ela se afasta flutuando. A energia negativa vai subindo e se distanciando cada vez mais, até desaparecer completamente.

14. Deixe os sentimentos evaporarem

Esta é outra técnica de "dissolução".

1. Imagine que os seus sentimentos indesejáveis são como água.
2. Deixe que eles saiam de você como o vapor que sobe de uma calçada quente.
3. Enquanto evaporam, sinta o espaço livre que eles deixaram.
4. Aproveite esse espaço.

A ameaça dos sentimentos negativos pode parecer muito real, mas eles não passam de miragens, exatamente como as ondas de calor sobre a areia do deserto ou a estrada podem dar a impressão de ser água. Eles não têm uma substância verdadeira. Deixe que os sentimentos indesejáveis evaporem.

15. Controle o fluxo

Os nossos sentimentos reprimidos são na verdade uma energia acumulada. Quando a energia se acumula, mais energia é necessária para reprimi-la e mantê-la sob controle. Se aliviarmos essa pressão, a vida se torna mais agradável e tranqüila.

Vou ensinar agora uma maneira de aliviar a pressão:

1. Abaixe a cabeça e coloque a mão no estômago ou no peito para *sentir* mais facilmente o sentimento.
2. Conscientize-se do sentimento no seu corpo.
3. Classifique o sentimento em uma escala de 0 a 10.
4. Veja o sentimento como se fosse água comprimida no seu estômago ou peito.
5. Imagine uma torneira ou válvula no seu corpo.
6. Abra a torneira e deixe que o sentimento jorre para fora.
7. Você pode abrir ou fechar a torneira para controlar o fluxo.
8. Deixe que o sentimento saia até você se sentir interiormente tranqüilo.
9. Avalie novamente o sentimento numa escala de 0 a 10. Ele se tornou menos intenso? Se este for o caso, você está avançando na direção certa. Prossiga até poder classificá-lo como zero. Se ele não estiver diminuindo, repita os passos ou experimente outra técnica.

16. Liberte-se pouco a pouco

Às vezes nos sentimos esmagados diante da perspectiva de encarar a vida positivamente e nos libertar dos nossos sentimentos reprimidos.

Lembre-se de que você não precisa se libertar de uma vez. Não deixe que os seus sentimentos oprimam você.

Experimente o seguinte:

1. Verifique se o sentimento é grande demais para que você possa se libertar dele.
2. Decida se libertar aos poucos.
3. Deixe que 1% do sentimento vá embora (você pode simplesmente abandoná-lo ou usar qualquer um dos outros métodos que já apresentei).

Você perceberá que bem mais de 1% do sentimento irá embora, fazendo com que se sinta muito mais leve e livre.

17. Abrace o sentimento com compaixão

Todo mundo precisa de amor e compaixão. Até mesmo os nossos sentimentos. Todas as nossas dificuldades são causadas pela ausência do amor. O amor e a compaixão curam tudo.

Experimente uma abordagem compassiva diante dos seus sentimentos:

1. Abaixe a cabeça e coloque a mão no estômago ou no peito para *sentir* mais facilmente o sentimento.
2. Conscientize-se do sentimento no seu corpo.
3. Classifique o sentimento em uma escala de 0 a 10.
4. Você consegue abraçar o sentimento com o amor e a compaixão de uma mãe ou pai por um filho que está sentindo dor?
5. Abrace o sentimento.
6. Sinta que você e a dor ou o desconforto do sentimento são um só.
7. À medida que você sentir compaixão pelo sentimento, ele ficará cada vez menos intenso ou se dissolverá completamente.
8. Avalie novamente o sentimento numa escala de 0 a 10. Ele se tornou menos intenso? Se este for o caso, você está

avançando na direção certa. Prossiga até poder classificá-lo como zero. Se ele não estiver diminuindo, repita os passos ou experimente outra técnica.

> Nota: Este bônus foi oferecido por Peter Michel e usado aqui com a sua gentil permissão. Para comprar o livro dele, que revela mais de cinqüenta métodos de libertação, visite o site www.emotionalfreedom101.com.

Bibliografia

Atkinson, William Walter. *Thought Vibration, or The Law of Attraction in the Thought World*. Chicago: New Thought Publishing, 1906.

Behrend, Genevieve e Joe Vitale. *How to Attain Your Desires by Letting Your Subconscious Mind Work for You*. Garden City, NY: Morgan-James Publishing, 2004.

Behrend, Genevieve e Joe Vitale. *How to Attain Your Desires*, Vol. 2: *How to Live Life and Love It!* Garden City, NY: Morgan-James Publishing, 2004.

Braden, Gregg. *The Divine Matrix: Bridging Time, Space, Miracles, and Belief*. Carlsbad, CA: Hay House, 2006.

Bristol, Claude. *The Magic of Believing*. Nova York: Pocket Books, 1991.

Byrne, Rhonda. *The Secret*. Nova York: Atria Books/Beyond Words, 2006. (Livro publicado no Brasil pela Editora Ediouro, com o título *The Secret – O segredo*).

Callahan, Roger. *Tapping the Healer Within: Using Thought-Field Therapy to Instantly Conquer Your Fears, Anxieties, and Emotional Distress*. Nova York: McGraw-Hill, 2002.

Canfield, Jack, com Janet Switzer. *The Success Principles: How to Get from Where You Are to Where You Want to Be*. Nova York: Collins, 2006.

Casey, Karen. *Change Your Mind and Your Life Will Follow*. Nova York: Conari Press, 2005.

Coates, Denise. *Feel It Real! The Magical Power of Emotions*. N.p.: Denise Coates Publishers, 2006.

Cornyn-Selby, Alyce. *What's Your Sabotage?* N.p.: Beynch Press, 2000.

Deutschman, Alan. *Change or Die: The Three Keys to Change at Work and in Life*. Nova York: ReganBooks, 2007.

Di Marsico, Bruce. *The Option Method: Unlock Your Happiness with Five Simple Questions*. Walnut Grove, CA: Dragonfly Press, 2006.

Dwoskin, Hale. *The Sedona Method: Your Key to Lasting Happiness, Success, Peace and Emotional Well-Being*. Sedona, AZ: Sedona Press, 2003.

Eker, T. Harv. *Secrets of the Millionaire Mind: Mastering the Inner Game of Wealth*. Nova York: Collins, 2005.

Ellsworth, Paul. *Ming Magnet: How to Unify and Intensify Your Natural Faculties for Efficiency, Health and Success*. Holyoke, MA: Elizabeth Towne Company, 1924.

Evans, Mandy. *Travelling Free: How to Recover from the Past*. Encinitas, CA: Yes You Can Press, 2005.

Ford, Debbie. *The Dark Side of the Light Chasers*. Nova York: RiverHead Books, 1998.

Gage, Randy. *Why You're Dumb, Sick & Broke . . . and How to Get Smart, Healthy & Rich!* Hoboken, NJ: John Wiley & Sons, 2006.

Gilmore, Ehryck. *The Law of Attraction 101*. Chicago: Eromlig Publishing, 2006.

Goddard, Neville. *Immortal Man: A Compilation of Lectures*. Camarillo, CA: DeVorss & Company, 1999.

Goddard, Neville. *The Law and the Promisse*. Camarillo, CA: DeVorss & Company, 1984.

Goddard, Neville. *The Power of Awareness*. Camarillo, CA: DeVorss & Company, 1983.

Goddard, Neville. *Your Faith Is Your Fortune*. Camarillo, CA: DeVorss & Company, 1985.

Goddard, Neville e Joe Vitale. *At Your Command*. Garden City, NY: Morgan-James Publishing, 2005.

Goldberg, Bruce. *Karmic Capitalism: A Spiritual Approach to Financial Independence*. Baltimore, MD: Publish America, 2005.

Harris, Bill. *Thresholds of the Mind: Your Personal Roadmap to Success, Happiness, and Contentment*. Beaverton, OR: Centerpoint Research, 2002.

Hawkins, David. *Devotional Nonduality*. Sedona, AZ: Veritas Publishing, 2006.

Hawkins, David. *I: Reality and Subjectivity*. Sedona, AZ: Veritas Publishing, 2003.

Hawkins, David. *Transcending the Levels of Consciousness*. Sedona, AZ: Veritas Publishing, 2006.

Hicks, Jerr, e Esther Hicks. *Ask and It Is Given: Learning to Manifest Your Desires*. Carlsbad, CA: Hay House, 2004.

Hicks, Jerry e Esther Hicks. *The Law of Attraction: The Basics of the Teachings of Abraham*. Carlsbad, CA: Hay House, 2006.

Hogan, Kevin. *The Science of Influence*. Hoboken, NJ: John Wiley & Sons, 2004.
Holmes, Ernest. *Science of Mind*. Nova York: Tarcher, 1998.
Joyner, Mark. *Simpleology: The Simple Science of Getting What You Want*. Hoboken, NJ: John Wiley & Sons, 2007.
Kaa, Sri Ram. *2012: You Have a Choice!* Tijeras, NM: TOSA Publishing, 2006.
Kaufman, Barry Neil. *To Love Is To Be Happy With*. Nova York: Fawcett, 1985.
Kennedy, Dan. *No B.S. Wealth Attraction for Entrepreneurs*. N.p.: Entrepreneur Press, 2006.
Kristof, Aziz. *The Human Buddha: Enlightenment for the New Millennium*. Nova Delhi, Índia: Kristof, 2006.
Landrum, Gene. *The Superman Syndrome: The Magic of Myth in the Pursuit of Power; The Positive Mental Moxie of Myth for Personal Growth*. N.p.: iUniverse, 2005.
Lapin, Rabbi Daniel. *Thou Shall Prosper: Ten Commandments for Making Money*. Hoboken, NJ: John Wiley & Sons, 2002.
Larson, Christian D. *Your Forces and How to Use Them*. Londres: Fowler, 1912.
Levenson, Lester. *The Ultimate Truth about Love & Happiness: A Handbook for Life*. Sherman Oaks, CA: Lawrence Crane Enterprises, 2003.
Lipton, Bruce. *The Biology of Belief: Unleashing the Power of Consciousness, Matter and Miracles*. N.p.: Mountain of Love, 2005.
Losier, Michael. *Law of Attraction*. Victoria, Canadá: Losier Publication, 2003.
McTaggart, Lynne. *The Intention Experiment: Using Your Thoughts to Change Your Life and the World*. Nova York: Free Press, 2007.
Oates, Robert. *Permanent Peace*. N.p.: Institute of Science, Technology and Public Policy, 2002.
Ponder, Catherine. *The Dynamic Laws of Prosperity*. Camarillo, CA: DeVorss & Company, 1985. (Publicado no Brasil com o título *Leis dinâmicas da prosperidade* pela Editora Ibrasa).
Proctor, Bob. *You Were Born Rich: Now You Can Discover and Develop Those Riches*. Toronto, Canadá: LifeSuccess Productions, 1997.
Ray, James Arthur. *The Science of Success: How to Attract Prosperity and Create*

Harmonic Wealth through Proven Principles. N.p.: Sun Ark Press, 1999.

Ressler, Peter e Monika Mitchell Ressler. *Spiritual Capitalism: How 9/11 Gave Us Nine Spiritual Lessons of Work and Business*. Nova York: Chilmark Books, 2007.

Ringer, Robert. *Looking Out for #1*. Nova York: Fawcett, 1985.

Ringer, Robert. *Winning Through Intimidation*. Nova York: Fawcett, 1984.

Scheinfeld, Robert. *Busting Loose from the Money Game: Mind-Blowing Strategies for Changing the Rules of a Game You Can't Win*. Hoboken, NJ: John Wiley & Sons, 2006.

Shumsky, Susan. *Miracle Prayer: Nine Steps to Creating Prayers that Get Results*. Berkeley, CA: Celestial Arts, 2006.

Sugarman, Joseph. *Triggers*. Las Vegas, NV: Delstar Pub., 1999.

Tipping, Colin. *Radical Forgiveness: Making Room for the Miracle*. Marietta, GA: Global 13 Publications, 2002.

Tipping, Colin. *Radical Manifestation: The Fine Art of Creating the Life You Want*. Marietta, GA: Global 13 Publications, 2006.

Vitale, Joe. *Adventures Within: Confessions of an Inner World Journalist*. N.p.: AuthorHouse, 2003.

Vitale, Joe. *The Attractor Factor: Five Easy Steps for Creating Wealth (or Anything Else) from the Inside Out*. Hoboken, NJ: John Wiley & Sons, 2005.

Vitale, Joe. *Buying Trances: A New Psychology of Sales and Marketing*. Hoboken, NJ: John Wiley & Sons, 2007.

Vitale, Joe. *The Greatest Money-Making Secret in History*. N.p.: 1st Books Library, 2003.

Vitale, Joe. *Hypnotic Writing*. Hoboken, NJ: John Wiley & Sons, 2007.

Vitale, Joe. *Life's Missing Instruction Manual: The Guidebook You Should Have Been Given at Birth*. Hoboken, NJ: John Wiley & Sons, 2006.

Vitale, Joe. *The Seven Lost Secrets of Success*. Hoboken, NJ: John Wiley & Sons, 2007.

Vitale, Joe. *There's a Customer Born Every Minute: P. T. Barnum's Amazing 10 "Rings of Power" for Creating Fame, Fortune, and a Business Empire Today – Guaranteed!* Hoboken, NJ: John Wiley & Sons, 2006.

Vitale, Joe e Ihaleakala Hew Len. *Zero Limits: The Secret Hawaiian System for Wealth, Health, Peace, and More*. Hoboken, NJ: John Wiley & Sons, 2007.

Vitale, Joe e Bill Hibbler. *Meet and Grow Rich*. Hoboken, NJ: John Wiley & Sons, 2006.

Wattles, Wallace D. *How to Get What You Want*. Editora desconhecida, s.d.

Wattles, Wallace D. *The Science of Getting Rich*. Nova York: Penguin/Tarcher, 2007.

Wilber, Ken. *Quantum Questions: Mystical Writings of the World's Greatest Physicists*. Boston: Shambhala, 2001.

Wojton, Djuna, *Karmic Healing: Clearing Past-Life Blocks to Present-Day Love, Health, and Happiness*. Berkeley, CA: Crossing Press, 2006.

Oferta especial
Quem quer um Coach de Milagres?

Supere enfim os obstáculos interiores que estão impedindo você de atrair os resultados que deseja com a ajuda do *Coaching* de Milagres do dr. Joe Vitale.

Você precisa *se libertar* para conseguir tudo o que quiser. Se dentro de você houver contra-intenções, conscientes ou inconscientes, você não atrairá o que realmente deseja. E mesmo que consiga alguns resultados, eles serão temporários e acabarão indo embora.

Mas como você pode se libertar? Como se livrar dos obstáculos e avançar em direção às coisas que você está tentando atrair?

Você pode usar os dez métodos deste livro, mas se quiser obter resultados ainda mais rápidos, talvez precise de um *Coach* de Milagres. Por um período limitado, você pode se inscrever e receber orientações via Internet.

Acesse o site www.miraclescoaching.com para mais informações.

A causa do sucesso não se encontra no ambiente onde um indivíduo está, porque se fosse este o caso, todas as pessoas dentro de um determinado raio teriam êxito, e o sucesso seria apenas uma questão de vizinhança. Vemos, no entanto, que pessoas cujos ambientes são praticamente idênticos e que moram no mesmo bairro têm os mais variados graus de sucesso e fracasso; sendo assim, sabemos que a causa do sucesso só pode estar dentro da pessoa e em nenhum outro lugar.

– WALLACE D. WATTLES, autor de *How to Get What You Want* e *A ciência de ficar rico*

Impressão e Acabamento:
EDITORA JPA LTDA.